【朕説歷史】

春秋篇

朕説・黃桑 編繪

時報出版

【朕説歷史】春秋篇

編　　繪——朕說・黃桑
主　　編——王衣卉
責任企劃——王綾翊
書籍裝幀——evian

第五編輯部
總　　監——梁芳春
董 事 長——趙政岷
出 版 者——時報文化出版企業股份有限公司
　　　　　　108019 臺北市和平西路 3 段 240 號
　　　　　　發 行 專 線—(02) 2306-6842
　　　　　　讀者服務專線— 0800-231-705・(02) 2304-7103
　　　　　　讀者服務傳真—(02) 2304-6858
　　　　　　郵　　　　撥— 19344724　時報文化出版公司
　　　　　　信　　　　箱— 10899 臺北華江橋郵局第 99 信箱
時 報 悅 讀 網—http://www.readingtimes.com.tw
電 子 郵 件 信 箱—yoho@readingtimes.com.tw

法律顧問—理律法律事務所 陳長文律師、李念祖律師
印　　刷—勁達印刷有限公司
初版一刷—2021 年 11 月 5 日
定　　價—新臺幣 420 元

朕説歷史. 春秋篇/朕說・黃桑編繪. -- 初版. -- 臺
北市 : 時報文化出版企業股份有限公司, 2021.11
320面 ;14.8×21公分
ISBN 978-957-13-9632-3(平裝)

1.春秋史 2.通俗史話

621.62　　　　　　　　　　　110017911

ISBN 978-957-13-9632-3
Printed in Taiwan

朕說宮廷檔案

黃桑

一個集賤萌與貪吃於一身的皇帝，

日常抖機靈，

毒舌侃八卦，

資深「窮（嗶～）肥宅」，卻胸懷整個天下。

朕說宮廷檔案

朕說歷史・春秋篇◎朕說宮廷檔案◎

小太監

善良可愛，敏感細膩，
照顧黃桑的飲食起居，
是宮裡深得人心的小暖男。

錦衣衛（保鑣）

宮裡的「顏值擔當」，
身手不凡，冷酷面癱，
原是被派來刺殺黃桑的殺手，
被黃桑當場高價收買。

朕說宮廷檔案 絕密

然鵝

一隻永遠都吃不飽的鵝，
處於食物鏈的最底層，
是黃桑的寵物，
雖然一直被黃桑欺負，
卻幻想著有一天能制霸皇宮，
嫦鵝的男朋友。

蛋是

一隻有著特殊蛋蛋的柴犬，
看家護院，
皇宮必備。

大利

一隻脾氣暴躁的大雞,
皇宮年度吉祥物,
被賜號「大雞大利」。

目錄

012 春秋歷史太過亂亂亂？朕這就給你說分明
—— 春秋歷史脈絡

026 奔跑吧，公子！
—— 齊桓公即位爭霸

038 霸道總裁背後的男人
—— 管仲輔助齊國強大

052 打不贏？我有無敵嘴炮！
—— 晏嬰苦撐，齊國迴光返照

066 身有畸形，流浪十九年後成功上位！
—— 晉文公接手春秋霸業

082 偶像養成大作戰
—— 晉楚爭霸

096 晉國版《權力的遊戲》
—— 國君與卿大夫

118 六卿家族瓜分晉國大戰
—— 晉國國君政權旁落

134 因為一頂綠帽，廢柴之王崛起了
—— 楚莊王成新春秋霸主

150　又一頂綠帽引發的連鎖反應，讓楚國差點亡國
　　——秦楚聯姻

166　春秋第一星探成就吳國霸業
　　——吳王闔閭與伍子胥

186　吃屎吃出真感情
　　——夫差與句踐

202　戰敗後，一國之君當了鏟屎官
　　——吳越爭霸

220　真・陰招之王
　　——越王句踐滅吳

238　中國貴族精神唯一代言人
　　——「呆萌傻」宋襄公

258　春秋最強心機 boy
　　——「春秋小霸」的崛起與衰落

274　工作絕緣體，在副業上取得的成就卻無人能比
　　——孔子

298　終結者的前身竟然是「原諒帝」
　　——秦穆公霸西戎

317　春秋大事紀年表

318　芳名榜

第一章

春秋歷史太過亂亂亂？
朕這就給你說分明

——春秋歷史脈絡

說起春秋戰國的歷史，很多人腦中就一個想法：

亂！

很亂！

非常亂！

對於很多同學來說，他們對春秋戰國的大概印象就是——

一堆諸侯國突然從大地上冒出來，

玩起了打仗殺人的血腥比賽。

這段歷史更是累壞了考場上的國家幼苗、偉大事業的接班人。

那麼，既然朕如此博學多才又可愛，

就先順一順**春秋史的脈絡**吧。

商朝末年，**商紂王**花樣作死，又殘暴又驕奢淫逸，

不僅在酒池肉林裡羞羞臉地開裸體 party，

還發明了炮烙之刑，不開心就把人當烤串烤了玩，

引起了老百姓的強烈不滿。

於是**周武王姬發**起兵討伐紂王。

這就是真人版的《封神榜》。

滅掉商朝之後，一個大難題擺在周朝人面前：

國土太大、人民太多，非常不好統治。

周武王的弟弟**周公旦**想出一個絕妙的解決方案──

把土地分封出去，

讓宗室、功臣、前朝貴族都得到一塊土地，

成為一國**諸侯**。

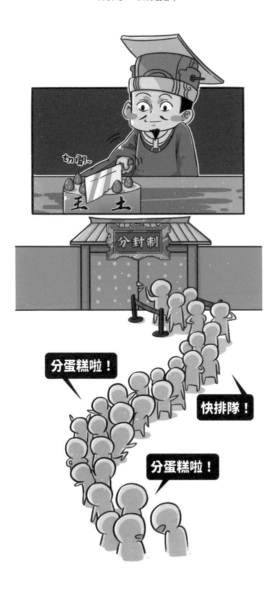

這就是傳說中的「分封制」。

然後，諸侯國君管理好自己的地盤就好。

但諸侯國得服從周天子的命令，

聽周天子調遣，給周天子納貢。

從此——

大周百姓都過上了幸福的生活。

蛋是

理想很豐滿，現實很骨感。

到了西周末年，

周朝出了兩個奇葩天子——

一個是**周厲王**。

他暴虐成性不說，還不准百姓議論他的過失，

搞得老百姓**只能透過眼神來交流。**

註：腦包，網路用語，常用於因為失誤或犯下低及錯誤而為大家帶來快樂的那類人。

另一個是**周幽王**。

為了博寵妃褒姒一笑，

他竟然點燃烽火，謊報犬戎入侵的軍情，

把率兵前來勤王的諸侯當「豬」、「猴」來耍！
日後犬戎大軍真的殺過來了，**周幽王**又點燃烽火，
諸侯卻再也不信。

朕懷疑《狼來了》抄襲了這段歷史，但找不到證據。

於是，犬戎攻破西周都城，殺死了**周幽王**。
在敗家子的不斷找死中，**周王室的威信一天不如一天。**
周幽王死後，他兒子**周平王**繼位。
舊都鎬京已經變成廢墟，
周平王只能把王城遷到東邊的洛邑，也就是現在的洛陽。

註：「勤王」的意思是君主制國家中，君王有難，臣下起兵救援君王。

啊啊！夢中的洛陽啊！

洛陽在東邊，所以叫**東周**。

東周又分為兩段，前半段就叫**春秋**。

進入春秋時代後，

諸侯國君再也不把周天子爸爸看在眼裡，

把周公當年精心設計的制度踢到一邊，

正式開啟了**諸侯爭爸**（大誤）**霸賽**。

一共有五位選手從這場比賽中勝出，

成為諸侯們都拜服的「爸爸」，史稱**春秋五霸**。

第一位霸主是**齊桓公**，

他任用管仲進行**改革**，讓齊國強大起來。

其霸主地位得到了周天子的認可。

不過好景不長，齊桓公生病了。

他的兒子們忙著打架、爭位，

齊桓公被活活渴死、餓死，

屍體擺在那裡六十七天都沒人收拾，

屍蛆都可以在上面跳舞了。

註：《史記》的春秋五霸：齊桓公、晉文公、秦穆公、楚莊王、宋襄公
　　《荀子》的春秋五霸：齊桓公、晉文公、楚莊王、吳王闔閭、越王句踐

趁著齊國內亂，<u>第二位霸主</u>**晉文公**趁機上位。

他和**齊桓公**一樣，繼位之前，在國外**流亡**了**十多年**，
回國奪得國君之位時，都已經**六十多歲**了。
雖然半截身子都入了黃土，但在晉文公的帶領下，
晉國迅速強大起來，百年霸業就此**奠定基礎**。
只不過，晉國霸業面臨一個強大敵國的挑戰，
那就是**楚國**。

在**楚莊王**時期，楚國一度打敗晉國，
讓中原一大堆給晉國當乖兒子的小國，
紛紛跪下來叫楚國爸爸，

楚莊王就成了第三位霸主。
晉國當然不服氣，為了爭奪霸主之位，多次跟楚國 battle，
互有勝負，很長時間內**輪流坐莊**。

為了打敗楚國，晉國默默在周天子管區內扶持了一個幫手，

——**吳國**。

終於有一天，吳國大軍在伍子胥的帶領下攻入楚國王城，

在背後捅了楚國一刀。

吳王闔閭，也就順理成章成了<u>第四位霸主</u>。

楚國也沒閒著，為了對付吳國，

也默默扶持了同樣在周天子管區的**越國**。

就在吳國暗算楚國時，越國隨後暗算了吳國。

靠著這一波很 666 [註] 的操作，

越王句踐成為了春秋最後一位霸主。

註：666，網路用語，用來形容某物或某人很厲害，令人折服。

只不過——句踐和其他霸主不一樣，直接把吳國**徹底搞死了。**

以前的霸主稱霸，好歹還講點道義，

齊桓公還揮著「尊王」的大旗裝樣子。

除了那種一碰就死的小諸侯國外，

大家一般都**不隨便搞死一個大國，**

攻占了這些國家後，還是會允許這些國家系統重啟，再復國。

喜極而泣~

不存在的……

但到了越王句踐這裡……

這其實預示著，爭霸戰馬上就要轉變為淘汰賽，

更慘烈的戰國時代就要到來了。

這部分內容，我們在《戰國篇》裡再細說。

第二章

奔跑吧，公子！

——齊桓公即位爭霸

春秋時代有<u>五位</u>風騷一時的霸主，

其中霸主的初代目[註]就是——**齊桓公。**

雖然他的名字叫**小白**，萌萌噠，一點都不霸氣。

齊國的來歷也不簡單，

第一代國君，就是《**封神榜**》裡的**姜子牙。**

在輔佐**周武王**打下江山後，他被分封到了東邊的**齊。**

姜子牙賢明有德，可惜**不肖子孫太多。**

註：初代目，日文中的第一代元老的意思。

例如，第十四代國君**齊襄公**，

在位期間非常荒淫無恥，

和同父異母的妹妹**文姜**，玩起了羞羞臉的**德國骨科**[註]，

不僅給妹夫**魯桓公**戴**綠帽子**，最後還乾脆下黑手，把人給殺了。

還好齊襄公還有兩個有出息的兄弟——

公子小白和**公子糾**。

眼見齊國局勢亂成**一鍋粥**，他們就分別在各自的師傅——

鮑叔牙和**管仲**的保護下**出逃他國**。

公子小白逃到了**莒國**，公子糾逃到了**魯國**。

註：骨科，此處為網路用語，形容兄妹戀。

果不其然，齊國隨後大亂，

齊襄公被殺，齊國處在**混亂無主**的狀態。

於是——公子小白和公子糾，玩起了爭奪王位的遊戲：

誰先回到齊國，
誰就能成為齊國之主。

這是春秋時代最紅的一檔綜藝節目《奔跑吧，公子！》。

公子糾的師傅**管仲**，暗地裡玩起了**陰招**，

埋伏在小白回國的路邊，**射了他一箭**，

可惜只射中了**衣帶鉤**。

機智的小白**乾脆裝死，**不僅躲過一劫，

還成功**鬆懈**了公子糾，自己趁機加大油門**趕回齊國**，

坐上國君寶座，成為齊桓公。

公子糾只好再跑回魯國。

齊桓公剛即位，第一件事就是**報仇，**

派大軍把支持過公子糾的魯國打得跪地求饒。

但齊桓公不想親手殺死兄弟，

以免背上「**心腸太黑**」的惡名，於是就逼魯國動手，

幹掉公子糾，交出管仲。

管仲在好友**鮑叔牙的幫助**下，

不僅沒死，反而**得到了齊桓公的重用。**

在齊桓公和管仲的**共同經營**下，

齊國的實力慢慢地往上漲，

逐漸成了列國共同的**喬事老大哥**。

北方的**燕國**很命苦，被遊牧部落**山戎**打得差點亡國。

可惜名義上的家長**周天子**，現在成了自身難保的**孬種**，

只能**找齊國求救**。

齊桓公二話不說，就派兵把山戎**打得滿地找牙**。

燕國國君很感動，親自送齊桓公回國，

一個不小心，**送過了兩國邊界。**

按照當時的禮法，**送人送出國界，只能是送天子的禮儀。**

齊桓公又不是天子，這種搞法豈不是**很無禮？**

但齊桓公也有解決辦法——

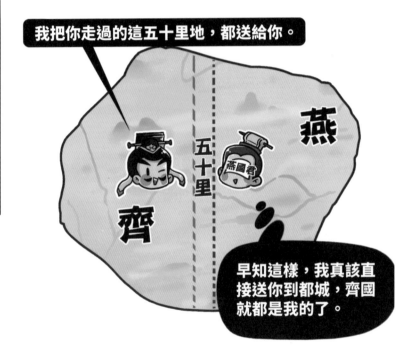

齊桓公這位喬事大佬，**既幫小弟打架，還能送小弟土地。**

別的國家紛紛豎大拇指按讚：齊國太仁義了！佩服佩服！

齊桓公乾脆打出了**「尊王攘夷」**的大旗，

上面護著周王，下面罩著一群小弟，還在**葵丘**這個地方，

召集列國搞了個大型 party，連周天子都派人來參加。

齊桓公的霸主地位得到了官方認證。

齊桓公不僅在國家大事上很**講究禮法**，

對待**家庭成員**也絕對不含糊。

絕不含糊＝絕不手軟。

他的妹妹**哀姜**嫁給了魯莊公，卻和**小叔子**搞在一起，

兩人串謀，連殺**兩位**魯國君主，最後**還想自己上位**。

哀姜如此淫蕩放肆，讓齊桓公覺得**很沒面子**，

為了**維護自己的形象世間正義**，

齊桓公直接把哀姜召回齊國，**殺了**。

雖然齊桓公對霸業這麼上心，但到了**晚年，**

開始寵幸**三個**大奸臣：**豎刁、易牙、開方。**

這三大奸臣為了討好齊桓公，都**各有一手。**

豎刁為了方便進出後宮，有更多時間和齊桓公膩在一起，

竟然**揮刀自宮，**

當了宦官。

易牙廚藝天賦點滿[註]，

為了讓嚐遍世間美味的齊桓公吃點別樣的食材，

竟然把自己**三歲的兒子殺了**，**煮人肉給齊桓公吃**。

還有一位奸臣**開方**，本來是**衛國國君的公子**，

為了討好齊桓公，竟然甘願**放棄尊貴的身分**，

聲稱願意給齊桓公當**馬伕**，連親爹死了都不回去。

剛好一代賢相管仲**得了重病**，眼看就要玩完，

齊桓公想把**宰相的位置**，傳給三大奸臣中的一個。

然而，管仲看出了破綻──

超乎人之常情的愛，背後肯定別有目的。

可惜齊桓公不聽。

管仲**病逝**以後，他**依然重用**這三位奸臣，

再加上他**五個兒子也都是大混帳**，

於是，齊桓公重病期間，**五個兔崽子勾結三大奸臣**，

上演了齊國的老戲碼──**寶座爭奪大作戰！**

齊國又亂成一團……

他們封閉宮門，不准任何人出入。

最終，**一代霸主小白同學，被活活餓死在病床上。**

屍體擺了六十七天，**蛆**都爬出窗外了，也沒人去給他**收屍**，
簡直**慘絕人寰！**

齊桓公一死，因為**不肖子孫**實在太多，

齊國國勢日益衰落，齊國大權也旁落到了**田氏**手裡。

最終田氏**篡奪了齊國，**姜姓齊國徹底完蛋，

劃上了一個**恥辱的句號。**

（田氏齊國還有戲喔！）

第三章

霸道總裁背後的男人

—— 管仲輔助齊國強大

前面我們說到了**「春秋五霸」**之一的**齊桓公**小白同學，

不過霸道總裁小白的成功，離不開一位能人的輔佐，

他就是──

雖說**管仲**是**周穆王的後裔**，祖上好歹也闊過，

但到他這一代，家裡**窮得叮噹響**，還得贍養老母，

經濟壓力可不是一般大。

他只好和好朋友~~鮑牙叔~~（大誤）**鮑叔牙**，一起合夥做生意。

做生意嘛，管仲又**沒多少本錢**，大錢當然是鮑叔牙出的。

不過賺到的錢，管仲卻讓**自己分了大部分**。

難得的是，管仲吃相這麼難看，**鮑叔牙卻一點也不生氣**。

鮑叔牙託管仲辦事，結果管仲出了**餿主意**，

把事情越搞越砸，但鮑叔牙還是**一點也不生氣**。

管仲幾次當官**被解雇**，看熱鬧群眾都覺得管仲肯定是個**庸才**。

但鮑叔牙卻說──

管仲打仗上戰場，

三次見苗頭不對，馬上拔腿就從戰場上逃跑，**當了逃兵。**

別人都譏笑管仲**怕死、太孬，**

還是鮑叔牙站出來**為他說話——**

啥叫真心朋友？啥叫交心的知己？

管仲和鮑叔牙這一對 cp 就是天底下難得的——

真・一輩子好朋友。

後來的劇情，上回講**齊桓公的故事**時已經說過了，

管仲和鮑叔牙，**分別輔佐公子糾和公子小白**，

玩起了**齊國寶座搶奪大作戰，**勝利者是**小白同學。**

小白要讓功臣排排坐分糖果，**首功**當然是鮑叔牙。

鮑叔牙卻建議小白**重用管仲。**

當時落敗的管仲流亡在**魯國**。

齊桓公向魯國方面下達最後通牒：

必須交出管仲！

魯國也 get 到管仲是個人才，並不想放管仲走，

甚至準備**幹掉管仲**，

讓齊國只得到一具沒用的死屍。

好在鮑叔牙預料到了這種情況，要齊國使臣告訴魯國：

管仲罪大惡極，必須活捉回齊國，

由國君親手手撕（大誤）**處死**！

真等管仲一回齊國，小白立馬就重用他。

齊國開啟了轟轟烈烈的──**霸業時代**。

首先管仲開始**加強中央集權，整頓行政管理系統。**

最關鍵的是，

他還搞出一套**針對官員的 KPI 考核機制——**

根據**政績**決定官員的**升遷任免，**

讓更多有才幹的人，能夠有**出頭**的機會。

沒本事的人，**就哪邊涼快哪邊待著去。**

在軍事方面，管仲提出要 **「強軍」，**

提高齊國民兵的動員力。

他將軍隊擴大為「三軍」，一共有三萬人。

這支在春秋時代規模龐大的軍隊，讓齊國霸氣側漏，

「尊王攘夷」的口號才能**變為現實。**

畢竟**山戎人**之類的「蠻夷」，

不是你想「攘」就能「攘」的，

得有**軍事實力作保證**才行。

顏值不能震攝壞人，只有武力能！

當然，最重要的是**經濟方面的改革。**

管仲說過一句很有名的話：

倉廩實而知禮節，衣食足而知榮辱。

想讓老百姓**守禮節、知榮辱，不做為非作歹的事，**

只用刑罰威懾是不行的，還得把經濟提升上去，

人人都有飯吃、有衣穿。

所以他提出：**要讓老百姓的錢包都鼓起來。**

凡治國之道，必先富民。民富則易治也，民貧則難治也。

管仲獎勵**農商**、**發展生產**，

根據土地好壞，向農民徵收**稅賦**，

讓農民種地的積極性飆升不少。

齊國靠近大海，**漁業**、**鹽業**資源豐富。

管仲利用這一點乾脆**免除漁鹽關稅**，

讓齊國的魚和鹽**自由出口到其他諸侯國。**

貿易發展起來，財富也滾滾而來。

我的祕訣只有四個字：富國強兵！

管仲最風騷的操作，是設立了國營大休閒場所——

女閭。

女閭**緊鄰**齊桓公的後宮，有性工作者**七百人**，

可以說規模非常宏大。

女閭的設立，

不僅讓找不到對象的齊國**魯蛇青年**有了宣洩的地方，

還增加了國家收入。

最讓人意想不到的是，

此舉也吸引了大量其他諸侯國的**商人**來齊國做生意，

很多諸侯國的人才也紛紛趕赴齊國來發展，

簡直「**一舉 N 得**」。

管仲不僅內政能力天分滿點，

對外的經濟戰玩起來也得心應手。

為了削弱南方強國**楚國**，

他請**齊桓公**出高價收購楚國的特產——**鹿**。

這玩意兒在楚國漫山遍野都是，**壓根不值錢**。

楚國老百姓一看，賺錢這麼容易，**那還做什麼農活啊？**

無論男女老幼，都很 happy 地**上山捉鹿**。

另一方面，管仲又派人到齊國和楚國民間**大量收購糧食**。

等到楚國**靠賣鹿**賺夠了大量的錢幣，齊國立刻**封鎖邊界**，

並且阻撓楚國到其他諸侯國**採購糧食**，楚國瞬間糧價**瘋漲**。

據說這一回，大量楚國**難民**逃亡，

逃往齊國的人口，就占總人口的**十分之四**，

楚國**元氣大傷**。

不僅如此，管仲還用類似的經濟戰手段，

對付過**魯國、代國**等一大堆諸侯國，每一次都**大獲成功**。

讓**齊國富強**起來，再讓齊國的**敵國被削弱**。

下一步，**霸業唾手可得**。

於是在管仲的建議下，齊國打出**「尊王攘夷」**的大旗，

把吉祥物**周天子**重新尊崇起來。

然後，**山戎打燕國，我去救；北狄打邢國，我還去救**。

....

想像一下，要是沒有管仲的話，中原各國**不能團結**，

說不定，**山戎人早就把華夏列國滅掉了。**

連孔子都說：

微管仲，吾其被髮左衽矣。

意思是說：

沒有管仲，我們恐怕就得像野蠻人那樣，

披著頭髮，穿衣襟向左掩的衣服了。

管仲也是華夏文明的保護人啊。

可以說，沒有管仲，或許就沒有**強大**的齊國，

也就沒有齊桓公的**霸業**，

怪不得連**三國時期**的諸葛亮都把管仲當成**偶像**。

只不過——就像大部分歷史一樣，

登場是喜劇，發展是正劇，收場卻是大大的悲劇。

管仲的故事也不例外。

齊桓公晚年，開始寵倖**易牙、豎刁、開方**三大奸人。

管仲病重之時，還勸過齊桓公：

超乎人之常情的愛，背後肯定別有目的。

可惜齊桓公**並沒有聽從**。

管仲一死，齊國局勢向著**不可控**的局面發展，

最終一場大亂爆發，**齊國的霸業就此完蛋**。

第四章

打不贏？我有無敵嘴炮！

—— 晏嬰苦撐，齊國迴光返照

齊桓公一死，齊國霸業 game over，

但是離姜姓齊國徹底滅亡，還有二百六十多年。

在這漫長的時間裡，齊國也有**迴光返照**的時候，

這要歸功於一個強者——**晏嬰！**

強者晏嬰呢，是個低級趣味絕緣體。

雖然在齊國當大官，

但穿的是**粗布衣服**，妻妾也都不穿絲綢；

吃的都是**粗茶淡飯**，基本上不吃大肉；

住的也是鬧市中的**一處陋室**，可以說**非常節儉**。

不過他也有一個煩人的缺點——**個子太矮。**

天塌下來，高個子最先被砸死。這麼看來，個子高才是缺點嘛。

給晏嬰駕車的**專車司機**卻長得非常帥，
坐在前排愛擺各種酷酷的 pose，顯得**趾高氣昂**。
有一回老司機開著車路過家門口，被他老婆看見了，
下班回家以後，老婆就**鬧著要和他離婚**。

你看人家晏相國，多麼謙遜低調；你呢，就是個小小車伕，在前面神氣什麼啊？

老婆

車伕

老婆，我再也不敢了！

生氣生氣~

瑟瑟發抖~

楷楷

後來晏嬰發現他家的老司機收斂不少，
得知是司機老婆教導有方，司機也算**知錯能改，**
非常欣賞，乾脆**提拔他當了官。**

晏嬰這一輩子，經歷了**齊靈公、齊莊公、齊景公**三朝，
哪怕齊國局勢再混亂，他都能屹立不倒，
還硬生生地把一個要死不活的齊國，搞得迴光返照了一把。
這除了需要無懈可擊的**道德水準**外，
還需要一項逆天的才能——~~睡~~（劃掉）**說服術！**
簡稱：有智慧屬性的**嘴炮攻擊魔法。**

不過，這三位國君也都不是讓人放心的主子。

第一位**齊靈公**，

有一種十分高（bian）雅（tai）的**癖好**：

最愛看妹子**女扮男裝**。

於是宮裡的妹子全都穿男裝。

沒想到風氣傳到宮外，

全國的妹子都 get 到這種時尚趨勢，紛紛穿著男裝上街。

這時候齊靈公反倒怕了，覺得風氣蔓延全國不是好事，

便下令禁止女人穿男裝上街。

可是哪怕冒著被撕破衣服的風險，

齊國的妹子們還是把男裝照穿不誤。

齊靈公就很**費解**了，去請教晏嬰。

晏嬰一下子就指出了問題所在：

允許宮裡的女人扮男裝，卻不允許宮外的妹子仿傚，

這就相當於**在宮門外掛牛頭，但在宮裡賣馬肉啊！**

太荒謬了！

成語「掛羊頭賣狗肉」，就出自這
個故事裡的「掛羊頭賣馬肉」。

聽晏嬰這麼一比喻，齊靈公瞬間領悟，

趕緊下令，宮裡也一併禁止女扮男裝，

果然這種風氣就**徹底消失**了。

雖然有時也聽晏嬰的話，

但齊靈公總體上是個**昏庸無能**的君主。

當時晉國稱霸中原，

齊靈公不清楚自己幾斤幾兩，反倒**想挑戰晉國的霸業，**

結果被晉國率領一幫小弟，打得連親媽都不認識。

齊靈公嚇得躲到首都**臨淄，不敢出城迎敵。**

第二位**齊莊公**，

更不是省油的燈，居然和大臣崔杼的老婆**私通**。

結果崔杼不喜歡頭頂一片大草原的感覺，

一怒之下**幹掉了**齊莊公。

手下人還勸崔杼：一不做、二不休！手黑點把晏嬰**也一起幹掉吧！**

崔杼早就看晏嬰不爽，也很想弄死他。

他想了想還是算了，畢竟晏嬰**很受百姓愛戴**，

萬一弄死了晏嬰，**失去民心**，老百姓起來造反，

搞不好要他去給晏嬰陪葬。

第三位**齊景公**，

比起前面兩位國君，要**賢明那麼一滴滴**。

在齊景公這裡，晏嬰的說服效果至少＋100%。

這讓齊國內政不至於像之前那樣，太過烏煙瘴氣。

有一回，唉呀媽呀，齊景公的**愛馬死了**。

他被氣得小宇宙爆發，下令要把養馬人**肢解處死**。

晏嬰趕緊制止，問齊景公——

齊景公說：那算了吧，就不肢解他了，

直接把他拖出去處死好了。

晏嬰說：這個人罪大惡極、死有餘辜，但是在他死之前，

能不能讓我說說他**到底犯了什麼罪**，好讓他做個明白鬼。

於是晏嬰開始一條一條地列出養馬人的罪狀——

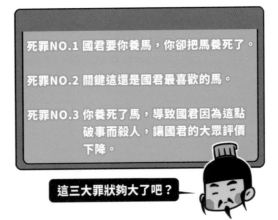

齊景公聽得冷汗爆出，只好饒養馬人一命。

多虧晏嬰的花式嘴炮勸諫拉住了齊景公，

沒讓他在國政上瞎搞一通，齊國好歹恢復了一些元氣。

蛋　　是

晏嬰的嘴炮才能，不僅能用在**內政**上，

在**外交**上也用得 666，可以輕鬆化解別國的刁難。

晏嬰**出使楚國**，楚王知道晏嬰五短身材，

故意在大門旁開了個小洞，想讓晏嬰從小洞鑽進去。

但晏嬰**嚴詞拒絕**──

聽說出使狗國才走狗門，
我出史楚國，可不該走狗門。

楚國大臣　這真是自取其辱啊……

沒辦法，楚國人只好讓晏嬰走正門。

等晏嬰見了楚王，楚王是個丁丁，又開始刁難晏嬰，問他：

齊國難道沒有人了嗎？為啥派你來出使楚國？

機智 boy 晏嬰隨口開始**嘴炮反擊**：啊！我們齊國有個規矩，

派**精明能幹**的人，出使**道德最好**的國家；

派**愚蠢無能**的人，出使**最差勁**的國家。

而剛剛好，我晏嬰就是──**齊國最愚蠢無能的人！**

我也想要這樣一個愚蠢無能的臣子。

楚王再次慘遭無情羞辱。

但他還是不甘心，趁著請晏嬰喝酒的空檔，

讓公差綁了一個**罪犯**從楚王面前走過。

楚王明知故問：這人是哪國人啊？犯了什麼罪啊？

公差回答說：這人是**齊國**人，犯了偷竊罪。

楚王轉過頭問晏嬰：

看來齊國人很擅長偷東西啊？

晏嬰心裡想罵人，但嘴上還是笑嘻嘻，

立馬展開嘴炮反擊：

橘生淮南則為橘，生於淮北則為枳。

意思是說：

這個人在齊國能安分守己，跑到楚國來就偷雞摸狗，

看來你們**楚國水土不行**啊，會讓人變得善於偷盜啊！

一番嘴炮下來，讓楚國君臣只能**尷尬又不失禮貌**地微笑。

不過千萬不要誤會，晏嬰可不僅僅嘴炮天分 MAX，

殺人心計也是歷史上超一流水準。

齊景公帳下有三員猛將：**公孫接、田開疆、古冶子**，

三個人仗著功勳卓著，非常驕傲跋扈。

晏嬰覺得三人是**大禍害**，

於是讓齊景公祭出了春秋時代的七大武器之首，

──兩顆桃子。

比我手上的寶刀還厲害嗎？

兩顆桃子要分給三個人，這沒法分啊！

於是晏嬰提出：誰的功勞大，就先分給誰囉。

三位將軍開啟了**饒舌 battle 模式**，各自闡述自己的功績，

再然後，三位肌肉猛男都覺得好羞恥的說，

相繼拔劍自刎！

（不要問朕為什麼，朕也沒搞懂這是什麼神操作。

總之你只需知道，「**二桃殺三士**」的計策成功了就對了）

晏嬰為了齊國，可以說**操碎了心，**
想盡辦法除掉未來可能出現的禍害。但他心裡明白，
齊國國勢目前只是**迴光返照，**姜姓齊國一定不能長久。
有一回，晏嬰出使晉國，他甚至對晉國大臣叔向說——

為什麼這麼說？因為晏嬰看得很清楚，
田氏有恩惠於老百姓，**很得老百姓擁護**啊！

歷史的發展，也完全像晏嬰預料的那樣，
姜姓齊國的 winter is coming [註]，田氏終將代齊！

第五章

身有畸形，流浪十九年後成功上位！

—— 晉文公接手春秋霸業

齊 晉 楚 吳 越 宋 鄭 魯 秦

　　春秋時代的第一位霸主，是**齊桓公**小白同學，

可惜在他翹屁之後，齊國發生內亂，霸業也立刻下了線。

下一個接手春秋霸業的，就輪到晉國一位**身有畸形**的大佬，

他就是——

晉文公。

　　晉文公名叫**重耳**，不過他倒沒有人如其名，

真長出四個耳朵，反而是**眼睛和肋骨有點畸形。**

史書記載，他有**重瞳**和**駢脅**。

所謂**「重瞳」**，就是一個眼睛裡有兩個瞳孔。

所謂**「駢脅」**呢，就是肋骨緊密地連成一片，
要是刀往他胸口上刺，**永遠只能刺在肋骨上。**

按照古人迷信的說法，這都屬於**身體有異相，**
表示這個人**註定會做出一番不凡的事業。**

不過根據現代醫學嘛，這就是明明白白的生理畸形！

晉文公成就霸業的**難度係數，絕對輾壓齊桓公。**
他在坐上國君寶座之前，曾經被迫在**國外流亡十九年，**
好不容易回國當上晉國大 boss，卻已經**六十多歲**了，
差不多到了該退休的年紀。

要說晉國這個國家，非常不簡單。

晉國的初代目君主**唐叔虞**，

他老爹是**周武王**，老媽是**姜太公的女兒**，

所以晉國國君在血統上，高貴得頂呱呱。

> 春秋歷史，總結起來就是一大幫遠
> 方親戚，在爭當所有人的爸爸。

雖然晉國血統高貴，但在春秋前期的歷史中，

沒啥存在感，活成了春秋列國心中的小透明。

直到晉文公的老爹**晉獻公**即位，

吞併了周邊不少**戎狄國家**，晉國國勢才開始強大起來。

蛋　　是

晉國隨後發生一場**大動亂，**

逼得當時還是公子的晉文公流亡國外，

這一切，就因為晉獻公去攻打了一個叫**驪戎**的部落，

得到了一個叫**驪姬**的絕世大美女。

驪姬給晉獻公生下一個孩子，她還想讓自己的孩子**成為國君。**

不過晉獻公還有三個孩子，擋在她孩子的前面，分別是——

臨時演員的太子，**申生**；

本期主角晉文公，**重耳**；

以及本期另一個重要反派，**夷吾**。

驪姬獲得了晉獻公**三百六十度無死角的寵溺**，

所以發揮美女專屬技能：**吹枕邊風**，

全方位挑撥晉獻公和他三個兒子的關係。

最後太子申生被迫自殺，重耳和夷吾流亡國外，

驪姬的孩子成功上位。

重耳流亡國外，也不是孤家寡人一個。

他憑藉自己滿格的人格魅力，

吸引了一大批能人賢士追隨他。

其中包括重耳的親舅舅**狐偃**，

名字聽起來很衰的**趙衰**，

以及後面還有很多戲分的**介子推**。

晉獻公一死，驪姬的兒子登上國君之位。

不過寶座還沒坐暖，國內**貴族叛亂**，幹掉了驪姬母子，

還連續幹掉兩位國君。接著他們去請重耳回國即位。

但——

重耳很機智地拒絕了。

另一位流亡在外的公子**夷吾，在秦國的強力扶持**之下，

返回晉國即位，成為了新國君**晉惠公**。

此時對他來說，流亡在外的重耳已成**眼中釘**。

於是他派出殺手，想要對重耳進行**肉體滅絕**。

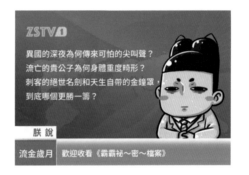

ZSTV①

異國的深夜為何傳來可怕的尖叫聲？
流亡的貴公子為何身體重度畸形？
刺客的絕世名劍和天生自帶的金鐘罩，
到底哪個更勝一籌？

朕說

流金歲月　歡迎收看《霸霸祕～密～檔案》

重耳並沒有給刺客機會，

試驗一下刀劍到底能不能刺穿他的肋骨，

反倒是嚇得**趕緊開溜，拋下妻子，**

離開了他生活多年的**翟國**，繼續開啟**流亡模式**，

來到了下一站——**衛國**。

衛國國君總覺得重耳這幫人**沒啥大前途，**

也就沒好好招待他們，氣得重耳只能離開衛國。

倒楣的是，路上糧食還被人**偷光**了，

餓得重耳只能向農民伯伯乞討。農民伯伯卻說——

一行人到處都弄不到糧食，重耳餓得血糖快降為 0 了。

後來重耳具體是怎樣回血的呢，正史沒有記載，

不過，在其他版本的傳說中有這樣一段故事：

重耳的忠臣介子推看到他快不行的時候，把心一橫，

從自己大腿上割下一塊肉來，做成肉湯給重耳吃，

重耳才回過血來。

擺脫了差點餓死的困境，

重耳繼續開拍《三毛重耳流浪記》。

下一站，他來到了**齊國**。

當時齊國的 boss 還是**齊桓公**。

齊桓公身為春秋霸主，還算是個厚道人，

不僅好吃好喝招待著，送了重耳二十輛**豪華馬車**，

還把家族內一名少女**齊姜**，嫁給重耳當老婆。

但沒過幾年，厚道人齊桓公**掛了**。齊國亂成一鍋粥，

指望齊國幫助重耳復國基本上是**不可能的**了。

更糟糕的是，重耳在齊國生活得**太滋潤**，

已經把雄心大志都丟在一邊了，

根本不想再離開齊國。

重耳曰：「人生安樂，孰知其他！必死於此，不能去。」

——《史記・晉世家》

好在他老婆齊姜和手下狐偃、趙衰合謀，

把重耳**灌醉成死豬**，然後抬上車，直接把他拉出齊國。

等重耳酒醒後，才發現已經離齊國很遠了，氣得暴跳如雷。

重耳曰：「事不成，我食舅氏之肉。」

咎犯曰：「事不成，犯肉腥臊，何足食！」

——《史記·晉世家》

離開了齊國這個安樂窩，下一站，他們到了**曹國**。

曹國國君**曹共公**，是個**好奇心爆棚**的好奇寶寶，

聽說重耳的肋骨連成一片，想看看**稀奇**。

身為一國國君，他竟然趁著天黑，

跑去偷看重耳洗澡！

偷看洗澡！！！！

(是的，你沒有眼花)

還以為**曹共公**癖好特殊，喜歡男色呢⋯⋯

重耳和他忠心的跟班們只好離開曹國，接著又去了——

但都因為這樣或那樣的原因，並**沒有長待**下去。

再下一站，重耳來到了**楚國**。

當時楚國 boss **楚成王**，也是一代雄主，

同樣也好吃好喝招待了重耳。

不過和齊桓公不一樣，人家楚成王做人要**現實得多，**

他做了事，**希望有回報。**

重耳告訴楚王：

如果將來晉國和楚國逼不得已要兵戎相見的話，

我們晉國軍隊會主動向後退讓三舍。

（註：三舍等於九十里）

重耳的下一站，**幸福**（哦，不）是秦國。

在秦國，boss **秦穆公**對重耳也好得不得了。因為——

秦國想扶持重耳回國即位！！

雖說**晉惠公是被秦國扶持**的，但晉惠公即位後多次找死，

許諾要割給秦國的土地，**不給了**。

晉國鬧饑荒，秦國好心給糧食救濟；

秦國饑荒的時候，**晉國堅決不給糧食**

⋯⋯⋯⋯⋯

秦國被惹毛好幾次，**早看晉惠公**

不

爽

了

！

如此背信棄義之人，該殺！

晉惠公嗝屁後，

他兒子**公子圉（晉懷公）**本來在秦國當人質，

居然招呼都不給秦國打一聲，**就偷偷溜回晉國即位，**

簡直把秦國**惹炸了。**

所以，在秦國的**三千兵馬的火力支援**下，

重耳殺回了他**十九年**流浪歷程的終點站——**晉國。**

重耳幹掉了晉懷公，**終於成功奪得了晉國的寶座！**

（流浪多年才得到王位，簡直比獅子王還要辛苦）

還是秦國給的幫助最實在！

那麼問題來了——

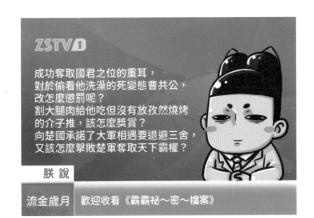

ZSTV1

成功奪取國君之位的重耳，
對於偷看他洗澡的死變態曹共公，
改怎麼懲罰呢？
割大腿肉給他吃但沒有放孜然燒烤
的介子推，該怎麼獎賞？
向楚國承諾了大軍相遇要退避三舍，
又該怎麼擊敗楚軍奪取天下霸權？

朕說

流金歲月　歡迎收看《霸霸祕～密～檔案》

第六章

偶像養成大作戰

——晉楚爭霸

晉文公在真・晉國寶座守護人——**秦穆公**的幫助下，

終於結束了十九年的流亡生涯，登上了晉國國君的**寶座**。

晉文公的雄心大志，

是讓所有人都心服口服地喊他「**霸霸**」。

要達成這個勝利條件，必須變身成——

擁有巨量粉絲的偶像。

所以，晉文公的**偶像養成大作戰**的**第一步**——

對這麼多年來一直忠心跟隨的老部下，肯定要**好好封賞**。

不過他偏偏漏了一個人，那就是——**介子推**。

介子推**拒絕封賞**，帶著老媽雙雙躲進深山裡。

我不想和邀功請賞的無恥小人玩在一起。是我自己躲起來，不想要封賞的。

介子推

所以你沒放孜然燒烤的大腿肉，是白給的嗎？

路人

在這裡，還有一段野史，

說是晉文公不想欠下當年的肉錢，便派人尋找介子推。

可是山區太大，森林太茂密，晉文公的人根本**找不到**介子推。

這個時候，

不知道晉文公的哪個馬屁精給他出了個**餿主意**——

奉旨燒山，不用牢底坐穿。

他們本來想透過放**火**，把藏在山裡的介子推逼出來，
結果大火在山中蔓延，**燒了三天三夜**，
介子推依然在烈火濃煙中**硬撐**。
最終母子兩人**雙雙被燒死在一棵柳樹下**。

忠臣的結局，都會是這麼慘嗎？

放心……朕又不喜歡吃柳樹枝烤串！

後世在清明節前一天有個**寒食節**，
節日這天**不開伙，只吃冷食**，
據說就是為了紀念慘死的介子推。

介子推這件事就這麼改編吧！不然我的手會不小心發抖喔

小編

晉文公

好……的，重……重耳君。

介子推這件事當然是個意外啦，不值一提。

總體來說，透過封賞功臣，晉文公的部下攻略度達成**百分之百**。

接下來，**偶像養成大作戰第二步**——

就在晉文公即位的第一年，周王室主動**賣屁股**上的破綻，

給了晉文公徹底攻略周王室的機會。

因為這一年周王室大亂，

周襄王的親弟弟**王子帶**，不僅給周襄王戴了一頂純綠的**綠帽**，

還給**戎狄軍隊**當帶路人，領著狄人去**攻打周王室**。

晉文公不能坐視不管，很快地，晉國出動大軍幹掉了——

周王綠帽的分發者 aka 偷竊嫂子者 aka 帶路人的先行者

王子帶閣下，

並護送周襄王返回周都**洛邑**，讓周襄王感動得熱淚盈眶。

這一手，為晉國撈取了足夠的政治資本。

在成功將周王室變成**鐵粉**後，接下來，

偶像養成大作戰第三步——

春秋時代，霸主們會堅持以**真理（？）服人**。

剛好在晉文公那時候，

天下**「真理」**最充沛的國度，是南方的楚國，

經常用**真理之拳，**把中原小國按在地上摩擦。

所以晉文公要 get 霸業，和楚國必有一戰。

剛好**楚成王**出動大軍，去蹂躪曾對晉文公有恩的**宋國**。

所以——晉文公決定去打**衛國、曹國**。

這兩個國家是楚國的**好朋友，**

當年還對流亡中的晉文公友善度**負分，**

尤其是**曹共公**這個死變態，還曾**偷窺**晉文公的裸體。

屎可忍！

尿不可忍！

這可能是歷史上代價最慘重的一次偷窺！

晉文公一舉攻下衛、曹兩國，還擒獲了死變態曹共公。

本來晉國想透過這種方式，

引誘楚軍**放棄**圍攻宋國，轉而去營救衛、曹。

蛋　　是

楚軍**根本不上當**，繼續加把勁蹂躪宋國。

楚成王

宋

你打我的好朋友，我就打你的好朋友！

雅美蝶（註）！雅美蝶！

註：雅美蝶，由日本語發音轉譯過來的詞彙，意思是「不要這樣」！

楚國既然不動，晉國也不敢撲上去硬拚。

就在這僵持不下的時候，晉國名將**先軫**提出：

要不把衛國、曹國的土地，送給註定要丟土地的宋國？

這下楚國的兩個朋友要完蛋，宋國卻成了打不死的小強，

楚國**真·白忙一場**。

楚成王一看划不來，就決定撤兵不和晉國搞事了。

楚國大將**子玉**不服氣，想要給點 colour 給晉國 see see。

子玉派出使者去晉國談判：

如果晉國允許曹、衛復國，那麼楚國就從宋國撤軍。

結果老奸巨猾的晉文公，

不僅**扣留**了楚國使者，還暗中告訴曹、衛兩國：

只要你們和楚國斷絕關係，我就允許你們復國。

楚國這兩位好朋友想了一下，然後**毫不猶豫地背叛了楚國**。

子玉氣得暴跳如雷，率大軍去攻打晉軍。

然而晉國軍隊立即**後撤九十里**。

子玉沒 get 到這是詭計，開足馬力前進，

結果在**城濮**這個地方被晉軍名將先軫擊敗。

子玉**羞憤自殺**。這就是歷史上著名的——

經過這一戰，楚國的銳氣被挫傷，

中原小國被晉文公無可比擬的「真理」，

徹！底！攻！略！

晉文公拿到了全天下最多的粉絲數，就此 get 到了**春秋霸權**。

不過和齊桓公的霸業不同，

晉國的霸業並沒有隨著晉文公的去世而終止，

相反地，晉國的霸業持續了**上百年之久**。

楚國顯然也沒那麼不經打，

吃了一場敗仗後，**元氣恢復得也很快**。

隨後的時間裡，

晉楚爭霸，成了春秋時代的歷史主線。

要說楚國為啥能這麼**跩**，能和超級大國晉國打個有來有往，

這個嘛⋯⋯我們在之後的內容裡會再講啦。

晉國雖然是個實打實的超級大國，
但內部也潛藏著一個**隱患**，那就是——
公室勢力在衰微，卿大夫家族勢力在強大。

晉國比較強勢的君主**晉悼公**去世後，
卿大夫的勢力更加膨脹，
國政逐漸落到了**「六卿」**家族手裡。
（趙氏、魏氏、韓氏、智氏、范氏、中行氏）

但這六卿家族之間也**內鬥**個不停。
首先是**范氏**和**中行氏**被消滅，
然後**智氏**被**韓魏趙**三家聯合起來幹掉。

勝出者

再然後，**韓魏趙三家瓜分了晉國土地。**

再再然後，就沒有然後了。

最後一位晉國國君**晉靜公**，被廢為庶民。

春秋時期的超級大國晉國，

就這樣徹底下線，在歷史中銷聲匿跡。

第七章

晉國版《權力的遊戲》

—— 國君與卿大夫

晉國這個春秋**頭號超級大國，**

最終被**韓魏趙**三家瓜分，然後徹底**下線**。

那麼問題來了，晉國國軍真的就這麼廢柴，眼睜睜看著卿大夫勢力膨脹起來嗎？

答案是──

你要真這麼想，就是太 naive（幼稚）了。

實際上，在大半個春秋時代，

晉國國君和卿大夫勢力鬥得非常厲害，

暗殺、陰謀、背叛、滅族……

各種血腥反轉的事件層出不窮，簡直有《**權力的遊戲**》既視感。

這場遊戲裡能勝出的，恐怕都是狠角色。

現在，我們就來盤點一下這齣轟轟烈烈的──

晉國版《權力的遊戲》。

總體來說，晉國國君**勢單力孤**，卿大夫勢力**非常強大**。

雖然晉國國君代表隊是弱旅一支，

但在面對強大的卿大夫勢力，依然撐了**五個回合**之久。

晉靈公打算幹掉他在位時主政的權臣**趙盾**，

搶先攢足了氣條，開了個大招——**召喚出刺客一枚**。

刺客潛入趙盾家中後，發現趙盾家簡陋到不行，

接著開啟**鷹眼**，發現趙盾穿著朝服準備上朝。

時間還早，他正端坐著瞇眼打盹，

完全沒有任何防備！！

看見趙盾這麼操勞辛苦，刺客感動得眼淚直流，

覺得他簡直就是鐵桿大忠臣，

根本不忍心按下滑鼠左鍵刺殺目標，

但又不能違抗晉靈公的命令，所以——

這名刺客，**直接選擇自殺！**

無法直視！

一個大招打空了，晉靈公又放出另一個大招：

請趙盾喝酒，

在席間埋伏好士兵，等趙盾喝醉後就幹掉他。

趙盾的部下發現情況不對勁，扶著趙盾要跑路，
晉靈公放出**猛犬**追擊。

努力裝出很兇的樣子~~

好在有部下拚死保護，趙盾**逃出生天**，
然後趕緊逃離了晉國都城。

然鵝

正當晉靈公以為奸計完全得逞，趙盾的勢力已被清除時，

趙盾的兄弟**趙穿**突然殺了出來，率軍突襲晉靈公，

一招就清空了他的血條。

晉靈公，仆街(註)！

註：仆街，廣東話用語，字面上的意思是「出門後摔倒在街上」，常用來罵人。網路上沿用為失敗、去世。

第一回合， 以晉國國君代表隊慘敗告終。

雖然晉靈公**自己也不是啥好鳥**，

嫌廚子做飯沒做好，就能下黑手把廚子的肉體消滅，

還把屍體當垃圾打包，讓宮女帶到外面扔掉。

但身為臣子的**趙氏家族**，竟然以下犯上，弒殺君父，

使得趙氏家族手中的權力更加巨大。

這就讓國君勢力受到嚴重打擊，

卿大夫勢力開始要上天了。

這一回合，**晉景公**寵倖的臣子**屠岸賈**，

幫忙開了個超級大招：直接派兵把趙氏一鍋端。

趙盾的兒子兼繼承人**趙朔一族**，幾乎全部仆街！

（對，這大招效果類似於核爆）

趙朔的老婆是**上一位國君的女兒**，

當時肚子裡正懷著趙朔的孩子，她被嚇得躲進了宮裡，

沒多久還產下一個**可愛的男寶寶**。

> 這個孩子就是大名鼎鼎的「趙氏孤兒」。

屠岸賈聽說後，決定要斬草除根，又派軍隊來宮裡搜索。

趙朔的老婆機智得很，

趕緊把嬰兒藏在自己的褲襠裡。

報告老闆，除趙朔老婆的褲襠，宮裡上上下下都搜過，並沒有找到趙家那個孽種……

古有褲襠藏嬰，今有褲襠藏雷。人類這神奇的褲襠，堪比哆啦A夢的四次元口袋。

還好這個孩子躲過一劫。

不過屠岸賈沒找到孩子，肯定不會就這麼算了。

剛巧趙朔有位門客**公孫杵臼**，

還有位好朋友**程嬰**，想出了一個能瞞住屠岸賈的妙招。

難道說是兩個人接力，把孩子藏在褲襠裡養大嗎？

程嬰找來一個嬰兒，**冒充**趙氏孤兒。

（後世甚至傳說這個嬰兒是程嬰自己的孩子）

讓**公孫杵臼**帶著假冒偽劣嬰兒假裝躲起來，

程嬰再去找屠岸賈告密。

屠岸賈派士兵將公孫杵臼和假嬰兒幹掉。

屠岸賈很 **happy** 地以為趙氏家族已經被**團滅**，

而這個名叫趙武的真・趙氏孤兒，**卻被程嬰偷偷養大。**

> 順便一說，這個趙氏孤兒就是戰國七雄中趙國的始祖。關於趙國的故事，朕以後會繼續掰下去。

不過無論怎麼說，

晉景公借屠岸賈的**小黑手**，輕鬆殲滅了權勢滔天的趙家，

打擊了國內卿大夫家族的勢力，

為晉國國君代表隊**成功扳回一局。**

PLAYER 1 晉景公
PLAYER 2 趙朔

順便再說一句，晉景公晚年又**心軟了**，

給趙家人平了反，還把趙武找回來，重新**賞賜了封地**，

把屠滅趙家的鍋全甩給屠岸賈，

害得屠氏全族被趙武復仇屠滅。

屠岸賈

實實委屈，實實心裡苦，實實不說。

趙氏家族幾乎被團滅以後，晉國國君**並沒有高枕無憂**，

因為其他權臣家族很快又**膨脹**起來了。

坑人呀！好不容易把趙氏壓下去了，怎麼又冒出什麼欒氏和中行氏？！

晉厲公

晉厲公太心軟，不想殺孽太重，結果重複了晉靈公的命運。

欒氏、中行氏搶先發動攻擊，晉厲公慘遭捆綁囚禁 play，

在被凍結所有技能後，被幹掉了。

晉厲公，仆街！

晉悼公腦子聰明，

知道好不容易打壓了一個家族，另一個家族又蹦起來，

打來打去，什麼用都沒有。

所以，晉悼公不準備玩打地鼠的遊戲，他準備——

直接灑！農！藥！

具體作法就是：要讓晉國公室**增加點肌肉，**

這樣才能震懾住卿大夫勢力。

晉悼公鼓勵公室子弟去 battle 立軍功，想要把軍權 hold 住。

努力扶持親近公室的祁氏、羊舌氏兩大家族，

給隊友狂加血，想要在朝中玩平衡術。

像晉悼公這樣的王者，灑出的核爆級農藥，可以簡稱「王者的農藥」。

晉悼公這兩桶農藥灑下去，

在他統治期間，卿大夫勢力果然老實了不少。

這一回合，晉悼公成功為國君代表隊再次扳回一局！

晉悼公一死，後繼的幾位國君都沒他這樣的雄才大略。

於是，這場權力的遊戲迎來了最終局。

在晉悼公死後，逐漸強勢起來的「**六卿家族**」——

趙氏、魏氏、韓氏、智氏、范氏、中行氏，

到了**晉頃公**在位時，幾乎已經**隻手遮天**！

當年被剿滅到只剩下一個趙氏孤兒的趙家，

也再次強大起來。

趙氏的繁殖能力真不簡單啊！

在最終回合，趙氏當上了**帶頭大哥**，聯合其他家族，

將公室的兩條好狗**祁氏、羊舌氏**全族屠滅。

從此以後，晉國國君的隊友**全員下線**。

國君再也沒有可以依靠的力量，勢力衰弱成**小雞仔**，

註定再也翻不起風浪了。

此處分隔線

五個回合下來，晉國國君代表隊被**淘汰出局**。

晉國版《權力的遊戲》**並沒有因此而全劇終**，

六卿家族內部隨後也開始**決裂**，向著曾經的盟友揮起了屠刀。

趙氏孤兒事件，歷史記載有兩個版本，

本文參考的是《史記·趙世家》的版本。

第八章

六卿家族瓜分晉國大戰

—— 晉國國君政權旁落

晉國國君和卿大夫勢力有來有往地鬥了**五個回合**，

結果晉國國君被徹底打趴，

晉國國政落在了「「六卿」」家族手裡。

這個時候的晉國，就好像一艘漂浮在海面上的小船，

六卿家族擠在小船上面，都覺得有點擠，

於是，六卿家族之間很快**又打了起來。**

首先出局的，是**范家**和**中行家**。

他們被其他四大家族聯合起來滅掉了。

緊接著，智家的當家人**智伯**，成了**晉國一號喬事人**。

毫無疑問，智家也就成為晉國 NO.1 大家族。

韓魏趙三大家族，

雖然心裡頭有一萬句髒話，但並不想講給智伯聽。

面對越來越囂張的智家，他們只能選擇——

韓魏趙三大家族中最懂得忍、堪稱**晉國第一忍者龜**的，

當屬趙家的**老大——趙襄子**。

有一回，智伯喝酒喝得**醉醺醺**，興致一來，想向趙襄子灌酒。

結果趙襄子十分感動，**但毫不猶疑地拒絕了，**

氣得智伯直接把酒杯甩他臉上。

連趙襄子的**手下**都看不下去了，

勸他動手幹掉智伯以出口惡氣。

趙襄子卻說：

你們知道為啥我老爹會選我當家族繼承人嗎？因為──

我
能
忍
！

知伯醉，以酒灌擊毋恤。毋恤群臣請死之。

毋恤曰：「君所以置毋恤，為能忍詬。」

──《史記‧趙世家》

在那個一言不合、拔刀就砍的時代，
能忍，絕對是非常難得的亮點。

趙襄子簡直就是**中國第一忍者**。

那年頭的晉國，已經丟掉了霸主寶座。

身為**晉國喬事人**的智伯，找上韓魏趙三家，

藉口要恢復晉國的勢力，

要每家都拿出**一萬戶的土地人口**，還給晉國國君。

面對智伯的淫威，

韓家**忍**了，魏家也**忍**了，都乖乖交出了土地和人口。

這一回，趙襄子並沒有再忍下去！

趙襄子**拒絕**獻出地盤。

智伯氣得小宇宙爆發，**糾集了韓、魏兩家，向趙家開戰。**

趙家根本抵擋不住攻勢，

被血虐得**節節敗退**，城池丟了一座又一座。

智伯的大軍將趙家的大本營**晉陽城**圍住，

還掘開汾水的堤壩**水攻**晉陽，搞得晉陽城成為**汪洋大海**。

城裡被困的老百姓，甚至餓得開始**易子而食**。

這一招使出來，趙家的滅亡正式進入倒數計時階段。

機智的趙襄子偷偷派出**嘴炮達人**去告訴韓、魏兩家：

一旦趙家被智伯滅了，下一個，就輪到你們了。

韓魏兩家一聽，覺得**好有道理**，立馬反水去打智家。

韓魏兩家**偷襲**智伯，控制了汾水堤壩，

對準智伯軍隊的大營**放水**。然後——

那畫面太美……

朕說歷史·春秋篇

——晉國國君政權旁落

智伯的雄兵虎將瞬間被大水沖成了**蝦兵蟹將**。

智伯本人也淪為了**趙襄子的俘虜**。

忍了這麼多年的趙襄子，終於**大仇得報，怒殺智伯，**

還把智伯的頭蓋骨上了漆，做成了**飲酒器**。

> 趙襄子漆智伯之頭，以為飲器。
>
> ——《資治通鑒》

唯一的缺點是，智伯的腦子有點漏水……

智伯一上西天，韓魏趙三家就**瓜分了智家的土地**。

趾高氣昂的智家，**就此滅亡**。

蛋是

忠於智伯的人**並沒有完全死絕，**
其中就有獲得~~「智伯吧務組組長」~~、
「春秋戰國四大傑出刺客」、
「中國刺客 NO.1」等稱號的**豫讓**。

順便說一句，「士為知己者死，女為
悅己者容」，這句話就是豫讓說的。

得知智伯死得那麼慘，豫讓下定決心，

要刺殺趙襄子為智伯報仇。

豫讓**改名換姓**，偽裝成修廁所的施工人員，
躲到趙襄子家的**廁所**裡，準備等趙襄子來蹲茅坑的時候，
忽然就來個──

背刺！
胸刺！！
屁股刺！！！

趙襄子走到廁所門口時，也許是**第六感**太強了，

立刻就覺得**心口悸動不舒服。**

趙襄子趕緊要士兵把修廁所的人抓起來，

果然發現這傢伙的身上藏著**匕首。**

既然刺殺任務失敗，豫讓也不躲不藏了，直接挑明：

我就是豫讓，來這裡就是想為智伯報仇！

趙襄子突然**霸道總裁附體，**

覺得這個傲嬌的刺客越看越**可愛，**

和別的妖豔賤貨完全不一樣，

不僅**捨不得殺他，**反而放了豫讓。

豫讓並不甘心失敗，回家以後立刻策劃了刺殺 B 計畫。

這一回，豫讓**把漆塗在身上，**讓皮膚潰爛化膿，

還吞下**炭火，**讓自己的聲音變沙啞。

這一整套喬裝打扮完成後，他跑到市場上偽裝成**乞丐乞討。**

連豫讓老婆從街邊路過，都沒把他認出來。

豫讓又漆身為厲，吞炭為啞，使形狀不可知，行乞於市。

其妻不識也。

──《史記．刺客列傳》

豫讓摸清了趙襄子的**出行路線**，提前在一座橋下埋伏，

準備等趙襄子路過的時候，忽然就給他來個——

背刺！
胸刺！！
屁股刺！！！

等趙襄子乘馬車經過時，

趙襄子的馬好像也有了**第六感**，突然受驚。

趙襄子的手下出動，果然在橋下發現了豫讓。

趙襄子根本想不通，為啥豫讓老纏著他，質問豫讓：

你當過范家、中行家的家臣，智伯滅掉了這兩家，

你不去殺智伯為主子報仇，反而當了智伯的家臣。

我殺了智伯，你為啥像陰魂不散似地纏著我呢？

或許是刺殺你，比較有挑戰性囉？

豫讓的回答，令所有人都非常震驚、感動：

范氏、中行氏以眾人待我，我故以眾人報之；

智伯以國士待我，我故以國士報之。

用大白話來說，就是智伯對我太
好了，好到我必須為他幹掉你。

聽豫讓這麼一說，這一回，趙襄子**把心一橫**，

決定不再放過豫讓，命令手下的士兵把豫讓圍了起來。

豫讓知道自己**活不過今天**，

在生命的最後關頭，他向趙襄子提出了刺殺 C 計畫。

就是讓趙襄子把衣服脫下來，豫讓象徵性地**捅衣服幾劍**……

趙襄子答應了，真的脫下衣服，把衣服送給豫讓捅。

豫讓一邊開開心心地捅，還一邊大聲叫喚：

吾可以下報智伯矣！

然後——**自殺身亡！**

⋯⋯⋯⋯⋯⋯

中國第一忍者 vs 中國第一刺客，這場**宿命對決，**

以這種奇葩方式收場。

在豫讓這種智家的死忠分子被**徹底肅清**以後，

韓魏趙三家更加沒了顧忌，

把晉國國君這個吉祥物，**像丟垃圾一樣丟到一邊，**
然後開開心心地**瓜分了晉國。**

進入**戰國時代**，在原來的超級大國晉國的屍體上，
崛起的**韓、趙、魏**三個諸侯國，
也都殺進了**「戰國七雄」**之列。
不過，面對西方日益強大的**秦國**，
三個國家都必不可免地被秦國**一口一口吞掉。**

第九章

因為一頂綠帽，
廢柴之王崛起了

——楚莊王成新春秋霸主

春秋戰國時代的楚國歷史，朕粗略地總結了一下，

可以分為**三頂綠帽的故事**和**一段被辜負的友情。**
其中兩頂影響了楚國國力，甚至導致滅國的綠帽，
就發生在春秋時期。

今天朕先講講，楚國在
春秋時期收到的第一頂綠帽。

第一頂綠帽的主人翁，**是楚莊王。**
以下是關於該事件的**深度報導。**

經過多方走訪調查，事件的真相逐漸明朗：

當天楚莊王和大臣們開 **party**，瘋到晚上，點了**油燈**繼續嗨，

楚莊王還命兩位**寵妃**輪流給大臣們**敬酒**。

忽然之間，一陣風吹過來，

油燈被吹滅了，屋子裡一片漆黑。

這時候，一個**色膽包天**的大臣趁著這個機會，

拉住楚莊王寵妃的手，意圖**非禮她**。

08-13 22:24:06
監視畫面

啊————

尖叫~ 尖叫~

發生了什麼事？

難道有刺客？

有人暈倒了嗎？

朕 說

深度調查

還好在兩人拉扯的過程中，楚莊王寵妃**撕斷衣袖**掙脫了，

還順手扯下了犯罪嫌疑人帽子上的纓帶。

有了證物在手，寵妃趕緊報告楚莊王，

只要楚莊王讓人重新點燃油燈，那麼——

給楚莊王戴綠帽的罪犯，將無所遁形！

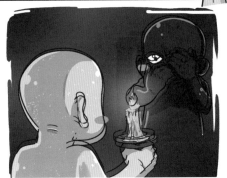

楚莊王卻讓所有的大臣都取下帽子纓帶，

然後才命人重新點上油燈，也就是說——

他完全不 care 被戴綠帽，根本就不願追究這事。

是的，楚莊王真的饒恕了這個送給他一頂**一星級綠帽**的人。

實際上，楚莊王剛剛即位的時候，

很多大臣都認為他就是一個**廢柴**^註。

即位後的楚莊王，成天窩在後宮裡**吃喝玩樂**，

每天和后妃玩得很 happy，喝酒喝得醉醺醺，

對於國政完全不搭理。

註：廢柴，網路用語，形容一個人非常沒用，一無是處。

大王，不好了！蠻族起來造反啦！我膝蓋中了一箭！

大王，不好了！附屬國也起來造反啦！我被捅了一刀！

全國各地**告急文書**都發到了楚莊王那裡，
但楚莊王繼續吃喝玩樂，**看都不看一眼，**
把國家大政全部交由**權臣家族若敖氏**來處理，
就這樣在王位上混了**三年**的日子。

這是立志成為廢柴之王嗎？

楚莊王為了預防大臣們在他面前**囉囉嗦嗦**，惹他心煩，

還立了個**規矩**：

誰要是來我這裡囉囉嗦嗦，我就弄死誰！

莊王即位三年，不出號令，日夜為樂，

令國中曰：「有敢諫者死無赦！」

————《史記·楚世家》

偏偏就個有不怕死的忠臣，名叫**伍舉**，

實在不忍楚莊王這麼廢柴下去，就跑去跟楚王說：

我想跟大王玩猜謎語。有一隻大鳥停在土山上三年了，

既不飛，也不鳴叫，這傻鳥是在做什麼呢？

楚王瞬間 **get** 到伍舉在說什麼，回了一句千古名言：

三年不飛，一飛沖天；三年不鳴，一鳴驚人。

「一鳴驚人」的典故，就是來自這裡。順便說一句，這個伍舉有個很厲害的孫子，以後我們會講到他。

伍舉聽完很**振奮**，覺得這個廢柴大王還有點救。

141

後面幾個月，楚莊王卻**變本加厲**，玩得更嗨了，

天天宮裡**蹦迪、吃烤串、看豔舞表演**，

一副**完全沒救了**的樣子，

逼得另外一位大臣不像伍舉一樣**打啞謎**了，

而是直接**冒死進諫**。

非要用這種方式嗎？

這一回，楚莊王被感動得淚眼汪汪的，

身體內的**王族血脈**瞬間**覺醒**，開啟**華麗變身**。

所有人都沒有料到，

當了三年廢柴的楚莊王，其實是個**心機 boy**。

他頹廢了三年，也在**暗中觀察**了三年，

知道朝中誰才是可以依靠的人，誰才是縱容他享樂的奸臣。

實際上這麼多年來，楚國權臣若敖氏一族在朝中**權勢很盛**。

楚莊王**不滿二十歲即位**，毛都沒長齊，壓根沒法和若敖氏鬥，

只能選擇**裝廢柴**，隱忍下去。

三年後時機成熟，他決定不再裝下去，開始**親理朝政**。

他一上來就誅殺了幾百名奸人，又**提拔**了幾百名賢人，

像伍舉這樣的忠臣，都獲得了**重用**。

於是乃罷淫樂，聽政，所誅者數百人，所進者數百人，

任伍舉、蘇從以政，國人大說。

——《史記‧楚世家》

沒想到，若敖氏大 boss **斗越椒**竟然發動**叛亂**，

準備進攻楚莊王。

楚莊王來了個**精采反殺**，帶兵幹掉斗越椒，將若敖氏滅族。

從此──

楚國軍政大權徹底回到楚莊王的手裡。

ZSTV 12 法治檔案

請問，被一個廢柴反殺，您現在的心情如何？

斗越椒

呃啊……

朕說
深度調查

hold 住了國內軍政大權，楚莊王把目標轉向**中原**。

楚國一直被中原各國當成**「蠻夷之國」**，

例如，齊國、晉國稱霸的時候，和中原小國開 party，

從來不帶楚國玩。

這讓楚國人很**不爽**，歷代楚國君主都想讓楚國強大起來，

讓中原各國不再小看楚國。

楚國雖然不斷變強，但在楚莊王的爺爺**楚成王**那一代，

楚國被**晉文公**按在地上摩擦，把春秋霸權輸給了晉國，

這就是歷史上驚天地泣鬼神的──

前廢柴、現有為青年的楚莊王，

如今的目標，已經不僅僅是當個霸主。

他有**更大的野心**，不僅想幹掉晉國，

還打起了周王室的主意。

有一回楚莊王大軍來到周天子的都城**洛邑**，

嚇得周王趕緊派大臣**王孫滿**去犒勞楚軍。

席間楚莊王問王孫滿：周王的九鼎有多重？

傳說九鼎是**大禹**所鑄，後來就成了**象徵天下的國之重器**。

楚莊王這麼問，意思很明顯，就是對天子寶座**看得眼饞**。

「問鼎天下」這個典故，也來自楚莊王。

然鵝

王孫滿一聽，**心裡想罵人，但嘴上笑嘻嘻，**

憑藉一口厲害的嘴炮，打消了楚莊王的野心。

他說：一個國家的興亡，在德不在鼎。

天命還是周王室的，你問了也是白問。

換句話說，就是得問問自己的能力……

明白自己無法完成奪取天命這種**史詩級難度**的任務，

楚莊王就安心去打中原小怪國，以及晉國這個超級大怪。

最後，透過一場名叫**「邲之戰」**的大戰，

楚莊王爆錘了**晉國**，洗刷了楚國在城濮戰敗的恥辱，

成了繼**齊桓公、晉文公**之後

第三位「春秋霸主」。

其實……打敗晉國，坐上這個霸主寶座呢，寡人真心誠意感謝一個人……

誰？

那個給我戴綠帽的人。

ZSTV 10 探索檔案

楚莊王

朕 說

深度調查 我變強了，也綠了。

在和晉國的戰爭期間，總是有一位大臣作戰**特別勇猛**，

經常不顧危險，帶隊衝鋒在前，

五次打退晉軍進攻，讓楚國獲得勝利。

楚莊王很好奇，他對這個人**沒啥優待**，

為啥這個大臣作戰這麼拚？

一問之下才明白，原來這個大臣，

正是在 party 上非禮楚王愛妃的**臭流氓**。

破！案！

給楚莊王戴了一頂**綠帽，**他都大度不追究，

這位大臣感動得淚眼汪汪的，**決定此生要好好報答楚莊王。**

所以，他這麼賣力拚命，在晉楚爭霸戰中**立下大功勞。**

一頂無關緊要的**羽量級**綠帽，換來了楚莊王的春秋霸業，

就四個字──

物

有

所

值

！

第十章

又一頂綠帽引發的連鎖反應，讓楚國差點亡國

——秦楚聯姻

楚莊王一死，楚國國力就像墜崖一樣，**直線下墜**。

在晉楚爭霸戰爭中，楚國常常**處於下風**。更要命的是，

晉國還在周天子管區扶持了**吳國**，

在楚國屁股後面搞小動作。

為了扭轉被晉國欺負的局面，
楚平王決定要和**秦國聯姻**，搞好關係，一同制衡晉國。

萬萬沒想到，這個聯姻大戰略，竟然搞出一頂**重量級綠帽**，
演變為家庭倫理大戲，還差點讓楚國**亡國**。

這頂綠帽，是屬核彈的嗎？

那麼朕就來講講，楚國這**第二頂綠帽**的故事。

這齣家庭倫理狗血劇，一開始還挺像**歷史正劇**。

楚平王搞秦楚聯姻，

本來是想讓**太子建**和秦景公的女兒**孟嬴**結婚。

派去秦國迎親的大臣~~廢物雞~~（大誤）**費無忌，**

本來是太子的老師，但其實就是個**無恥小人，**

回國後偷偷稟告楚平王：

唉呀媽呀！大王您這未來兒媳孟嬴簡直太漂亮了！

然後──

兒子，記得要改口叫我的小嬴嬴媽咪喔～

楚平王

太子建

孟嬴

楚平王這種**極品老色鬼**，在費無忌的建議下，

真的就將孟嬴**調包**，換了另外一名女子給太子建。

孟嬴則被快遞到楚平王的床上。

太子建因此收穫了一頂結結實實的**綠帽**。

這綠帽怎麼還掉色呢？

這頂**天降綠帽**，能如此精準地扣在太子建的頭上，

費無忌有天大的功勞。

費無忌這麼厲害，難道不怕太子將來即位後對付他嗎？

你都能想到，費無忌當然也能想到。

費無忌**害怕**楚平王喀屁後，太子一登基會找他算帳。

所以，他決定**先下手為強**。

他先讓楚平王把太子**趕出都城**，然後再**誣告太子**，

說太子和他的另一位老師**伍奢**，

與晉國等敵國有不可告人的交易，準備**密謀造反**。

一頂綠帽不夠，還得有一口黑鍋。

楚平王還真信了，

不僅捆綁、**囚禁**了伍奢，還準備**派人幹掉**太子建。

好在太子腿腳敏捷，一聽到風聲不對勁，

趕緊開足馬力，**逃離了楚國**。

太子別溜啊！這麼多黑鍋，
老臣一個人背不動啊！

伍奢

太子既然溜了，剩下的伍奢，肯定要被**問罪處斬**。

伍奢有兩個很厲害的兒子——**伍尚和伍子胥**。

費無忌擔心殺了伍奢，這兩個 boy 早晚會升級為楚國的禍患，

所以他的建議是，

乾脆讓伍奢把兩個兒子叫回來，然後**一起殺掉**。

於是王使使謂奢：「能致二子則生，不能將死。」

奢曰：「尚至，胥不至。」

————《史記·楚世家》

楚平王才不信伍奢的邪，派人找到伍家兄弟，告訴他們：

只要你們兩兄弟回都城，寡人就饒了你們的老爹。

雖然兩兄弟都不信楚平王，

但哥哥伍尚覺得要盡孝，哪怕被人剁了，也**必須回去；**

弟弟伍子胥覺得**千萬不能回去，**

不然就會被騙進傳銷（大誤）騙進牢房。

最後伍尚想了個招：

伍子胥趕緊逃出楚國，開溜成功了，

但伍奢和伍尚被楚平王下令處斬。

從此以後，

楚平王和秦國公主孟嬴，就過上了羞羞臉的幸福生活。

——（全劇終）

N 多年以後，楚平王病死，

楚平王和孟嬴的愛情結晶——**楚昭王**即位為王。

當年逃難到吳國的**伍子胥**，經過一番操作，

扶持**吳王闔閭**奪得王位，成了闔閭**最信賴的好朋友**。

至於伍子胥是怎麼樣操作的，這當中的故事，朕會在後面的「吳國篇」裡細說。

楚平王雖然上了西天，

但伍子胥依然沒有忘記父兄被殺的**深仇大恨**，

這麼多年來，伍子胥只想做一件事——

復仇！復仇！復仇！

一定帶領吳國軍隊猛捅楚國的痛處！

機會終於來了！

這一回，**楚國**派重兵去欺負**蔡國**這個鼻屎小國，
國內防衛空虛。這相當於主動把痛處暴露在了吳國面前。

所以吳王闔閭**親自掛帥，**任用**伍子胥**和**孫武**為大將。

（對，就是寫《孫子兵法》的那個孫武）

三萬大軍水陸並進，正式以**援救蔡國**的名義出兵。

果然，透過**柏舉之戰，**楚軍被吳軍打得土崩瓦解。

然後吳軍一路向西，**連戰連捷，**直接攻下了楚國首都**郢都。**

楚昭王逃亡國外，楚國**幾乎就要亡國。**

> 《春秋時代的蝴蝶效應》
> 楚平王給太子建戴綠帽 → 太子建被誣陷造反 →
> 伍奢伍尚被殺，伍子胥出逃 → 伍子胥立志復仇 →
> 吳軍攻入楚國首都 → 楚國幾乎亡國

楚莊王的故事說明，綠帽可以興國。
楚平王的故事說明，綠帽也可以亡國。

吳軍攻陷郢都後，各種**燒殺搶掠，**玩得不亦樂乎，

楚國百姓簡直倒了大血霉。

你的仇人是楚平王，又不
是楚國百姓！冤有頭，債
有主，你沒聽過嗎？

對啊！

伍子胥的大仇人，當然是**楚平王，**

可惜楚平王運氣太好，早就嗝屁上了西天了。

大仇人都死了，還能拿他怎麼辦呢？

伍子胥直接派士兵挖開楚平王的陵墓，

把楚平王的屍體拖出來，**狠狠鞭打了三百下。**

伍子胥左腳猛踩屍體的肚子，

右手把楚平王的眼睛挖了出來，當起了激烈的墳頭舞棍。

伍胥以不得昭王，乃掘平王之墓，出其屍，鞭之三百，左足踐腹，右手抉其目。

——《吳越春秋》

都城被攻下，楚昭王流亡外國，

如果不出意外的話，楚國就這樣完蛋了。

還好楚國有個忠臣，叫**申包胥**。

順便一說，申包胥有個很厲害的後代，就是包拯包青天。

申包胥和伍子胥兩人是好友，伍子胥流亡的時候，

曾向申包胥甩過一句狠話：**老子一定要滅了楚國！**

申包胥淡定地回了一句：**那我一定能救下楚國。**

聽說伍子胥掘墓鞭屍，

流亡山裡的申包胥，還寫信勸諫過伍子胥別太過火，但伍子胥**不聽**。

沒辦法，申包胥只能一路向西，**去秦國求救兵**。

一開始，秦國國君是拒絕的，

但申包胥也是個狠人，靠著院牆**哭了七天七夜**，

哭聲不斷，七天沒有喝過一口水，

終於把秦國國君感動了，決定**出兵救援楚國**。

你是猴子，喔不……
申包胥請來的救兵嗎？

就在這個時候，剛好**吳國發生內亂**，後院起火，

再加上楚國扶持起來要對付吳國的**越國**，

發現吳國國內空虛，也想有樣學樣，猛捅吳國的弱點。

我也忍不住想捅
一刀，怎麼辦？

所以，吳國只好選擇**退兵，**

要死不活的楚國，終於從 ICU 裡被成功搶救回來，

楚昭王復國成功！

一頂小小的綠帽引發的連鎖反應，竟然差點導致楚國滅亡，

這麼說來，綠帽真該被列為**大規模殺傷性武器。**

楚國經過這場大動亂，**元氣大傷，**

退出了春秋爭霸的舞台。

等下一次楚國重回舞臺成為大玩家，

那已經是戰國時代的事了。

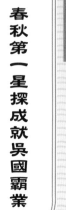

第十一章

春秋第一星探成就吳國霸業

——吳王闔閭與伍子胥

現在，我們正式開啟**春秋系列的吳國篇**。

而要講吳國篇，首先得提到一個楚國人，那就是——

伍
子
胥
。

前面我們也提到過，

因為**楚平王**給兒子太子建戴**綠帽**，引發了連鎖反應。

後來楚平王殺死了伍子胥的老爸、老哥，

伍子胥出逃吳國。

他逃出楚國後**生了場大病**，那時候沒有**健保，**

伍子胥把盤纏花光了，最後淪落到**沿街乞討**的地步。

最慘的時候，他是**用膝蓋走路，**

還脫下上衣，**赤裸著上身磕頭討錢，**

或者在市場上**吹簫賣藝**討錢。

伍子胥橐載而出昭關，夜行晝伏，至於陵水，無以糊其口，膝行蒲伏，

稽首肉袒，鼓腹吹篪，乞食於吳市。

—— 《史記》

經歷過這些磨難的伍子胥，懷著**向楚國復仇**的大志向，

終於到達吳國首都。

也就是在這裡，他開始脫胎換骨，

從**乞丐祖師爺**混成了**春秋時代第一星探**。

說他是星探的祖師爺，更適合。

他首先發掘了**吳國第一號的潛力股**，

狼系貴公子——**公子光**。

這位公子光是**吳王諸樊**的兒子，

按理說諸樊噶屁上西天後該輪到他登基當吳王。

吳王的位置幾番折騰後，給了**公子光三叔的兒子**，

也就是**吳王僚**。

公子光對此並不是很 happy，一直想**幹掉吳王僚，**
自己當王。

伍子胥看穿了公子光的小心思，決定幫助他奪得王位，

讓自己成為公子光的**大恩人**，再把吳國搞成**強國**，

這樣以後殺回楚國報仇就不是難事。

為了達成這個小目標，**星探祖師爺**伍子胥，

就向公子光推薦了另一位他發掘的人才——猛男**專諸**！

據說有一次，伍子胥在大街上看見專諸正要跟一大群人打架，

氣勢上完全不落下風。

結果專諸老婆出來叫他，他馬上乖乖跟老婆回家。

伍子胥跑去問專諸原因，專諸回答說：

夫屈一人之下，必伸萬人之上！

用大白話來說就是，怕老婆
的男人，才是真男人。

星探伍子胥一聽，**唉呀媽呀，這就是難得的人才啊！**

趕緊將專諸推薦給公子光。

然後，專諸搞出了歷史上最成功的**刺殺行動之一——**

公子光邀請吳王僚來他家參加 party。

吳王僚也不傻，不僅帶了一堆侍衛，還穿了三層鎧甲。

等吳王僚一到，公子光藉口說腳不舒服，然後開溜，

再讓專諸**偽裝成上菜的，**端上來一盤**烤魚。**

烤魚肚子裡暗藏了一把**匕首，**

江湖傳說這把匕首是**鑄劍大師歐冶子**精心打造的，

鋒利無比。

等專諸接近吳王僚的時候，他突然就拿出匕首，

一擊刺穿吳王身上的三層甲，**當場擊殺吳王僚。**

完成任務後，專諸來不及逃跑，**直接就被吳王僚的侍衛 K.O.。**

侍衛也沒得意太久，公子光的伏兵很快地殺出，

幹掉了所有吳王僚的人。

在這場完美的刺殺行動之後，

公子光就開開心心地**登上吳國王位**，是為**吳王闔閭。**

成登功基

我看中的潛力股終於變現了！

可惜，**事情還沒完。**

吳王僚的兒子**慶忌**逃到了**衛國**，謀劃奪回吳國王位。

闔閭一直把慶忌當心腹大患，

慶忌不死，他的位置就坐不穩當。

為了幫闔閭解決掉慶忌，

星探祖師爺伍子胥**再次發掘出一名人才——**

矮人勇士要離！

要離

這……這是勇士？

要離雖然精通劍術，**但身材瘦小**，身高**不滿五尺。**

而他要去刺殺的對象慶忌，可是當時**天下第一大力士，**

虎背熊腰、力量嚇人，

曾經和**犀牛**徒手搏鬥，還把犀牛收拾得服服帖帖。

好漢饒命！

慶忌

春秋時代的管區，簡直民風剽悍，猛男輩出啊！

一個身高接近侏儒的瘦子，要刺殺天下第一大力士……

而且慶忌**猜忌心很重**，刺殺幾乎是不可能的事。

但要離主動提議：

只要我假裝得罪大王，

大王砍掉我的右手，殺掉我的妻兒，慶忌就會信我了。

要離曰：「……臣詐以負罪出奔，願王戮臣妻子，

斷臣右手，慶忌必信臣矣。」

——《吳越春秋》

嫁給要離這種男人，也真是倒楣啊……

闔閭心想妙計啊！然後他真這麼幹了。

斷手後的要離**假裝逃奔慶忌**，慶忌果然對他**深信不疑**。

後來慶忌率大軍**乘船**討伐吳國，

要離受信賴，和慶忌**在同一艘戰船上**。

突然一陣大風襲來，船身搖晃不定，慶忌站立不穩，

要離抓住這個機會，**用矛把慶忌捅成了殘血狀態。**

殘血後的大 BOSS 慶忌，一下單手就提起了要離，

將他的頭按到水裡，又提出水面，如此來回循環**三次**。

他把淹個半死的要離**橫放在膝蓋上**，哈哈大笑說：

這傢伙真是天下勇士！竟然敢玩這一手來刺殺我！

慶忌顧而揮之，三捽其頭於水中，乃加於膝上，

「嘻嘻哉！天下之勇士也！乃敢加兵刃於我。」

——《吳越春秋》

慶忌英雄惜英雄，讓手下放要離回吳國。

最後慶忌傷口流血太多，**血條清空而死**。

這又是歷史上難得成功的
一次刺殺行動！

不過搏命運動之後的要離，

覺得自己**害死妻兒**，以及**刺殺先王的兒子慶忌**，

是個「不仁不義」的大罪人，沒臉活在這個世上，

最後，**自斷手足，伏劍而死**。

慶忌一死，吳王闔閭終於治好心病，**穩固了王位。**

吳王位子坐穩了，伍子胥離復仇又近了一步，

但想爆打楚國為親人報仇，還必須找個打仗高手。

剛剛好，伍子胥又挖掘出這麼一位人才，

他就是──**兵聖孫子！**

孫子原名孫武，是來自齊國的正宗山東大漢，

不知道怎麼地來到天子管區定居生活，還被伍子胥一眼看中。

伍子胥向闔閭推薦了孫子七次，

闔閭決定給孫子一個面試的機會，

然後孫子帶著他的作品去面試。

對，這個作品就是——《孫子兵法》。

闔閭看完《孫子兵法》後，讚嘆不已，

不過心裡面還是有點不放心，怕孫子只會紙上談兵，

決定讓他現場演示一下兵法。

然後孫子帶著他的作品去面試。

對，這個作品就是——《孫子兵法》。

闔閭看完《孫子兵法》後，讚嘆不已，

不過心裡面還是有點不放心，怕孫子只會紙上談兵，

決定讓他現場演示一下兵法。

闔閭大概找來一百多號宮女，讓孫子親自操練。

孫子把宮女分成兩隊，還指定闔閭兩位愛妃當小隊長，

然後孫子開始下令演練軍陣。

宮女們根本不聽號令，一個勁兒在原地捧腹大笑。

孫武說：約束不明，申令不熟，是為將者的錯。

於是，他又詳細說了要求，

結果再重新下號令時，宮女們還是嬉笑不止，不聽號令。

孫子不慌不忙地說道：

約束不明，申令不熟，是為將者的錯。

但我已經說得明明白白了，你們還不聽，

那就是你們的錯了。

他喝令將闔閭兩個寵妃拖下去，按軍法斬首，

嚇得闔閭趕緊向孫子求情。

但孫子偏不聽，硬是將兩個寵妃斬首示眾。

接下來孫子讓其他宮女代替兩位寵妃當小隊長，

這回再用鼓聲指揮宮女操練，

沒人敢出聲，也沒人敢不按照軍令來了。

有了孫子這樣的神將，吳國方面如虎添翼。

不過要打翻楚國，還差一個機會。

幾年之後，這個機會終於來了。

唐國、蔡國兩個小國，原本都是楚國的小弟，
但楚國權臣囊瓦覬覦他們的國寶，
居然將兩國國君軟禁了整整三年。
經過囊瓦這一頓操作，
兩個鼻屎小國和楚國的關係就此完全破裂。

蔡國一氣之下，和楚國的死對頭吳國結盟。唐國也想報仇。
於是，吳國決定聯合蔡、唐兩國，一起出兵攻打楚國。

在兵聖孫子的策劃下，吳軍繞過了楚國重兵把守的防線，

直接從蔡國境內穿行，迅速突破到了楚國腹地。

囊瓦嚇得趕緊組織楚國大軍，一共十二萬人，

向西阻截吳國大軍，而吳國軍隊只有區區三萬人。

十二萬 VS 三萬，

何況楚國是春秋超級大國，軍隊戰鬥力不弱，

這仗真的能打贏嗎？

面對人數差距，孫武使用**「打了就跑」**戰術，

避免正面交鋒的同時，還把楚軍騷擾得夠煩。

就這樣，楚軍**連著被打敗三場，**

最後在柏舉這個地方進行決戰，

楚軍再次大敗，直接土崩瓦解。

然後，囊瓦直接就腳底板抹油跑路了。

最終，吳軍攻陷了楚國首都郢都。

再後來發生的事，之前朕在楚國篇時也說過了：

伍子胥挖開仇人楚平王的墳墓鞭屍，

申包胥去秦國哭了七天七夜請救兵……

經過這場戰爭，楚國元氣大傷。

而吳國攻破楚國首都，一躍進入春秋時代頭號強國之列。

按照《荀子》的「春秋五霸」版本，

吳王闔閭也就成了繼齊桓公、晉文公、楚莊王之後的

第四位春秋霸主。

此處分隔線

不得不說，伍子胥這個**春秋第一星探**的眼光非常厲害——

發掘了狼系貴公子**阿光**，扶持他當上了**吳王**；

發掘了怕老婆的猛男**專諸**，讓他幹掉了**吳王僚**；

發掘了矮人勇士**要離**，讓他幹掉了**慶忌，穩固了闔閭的江山**；

發掘了兵聖**孫武**，讓他打敗**楚國，最終完成了自己的復仇**。

論發掘人才的本事，

伍子胥稱第二，估計沒人敢稱第一。

至於被伍子胥挖掘出來的孫子，也是功成身退，

最後辭掉官職，飄然歸隱了。

當宅男，比當將軍有意思多了。

第十二章

吃屎吃出真感情

—— 夫差與句踐

吳王**闔閭**得到國寶級名將**孫武**，提升了吳國的軍事實力，

終於攻破楚國首都，華麗變身為春秋霸主四代目。

大概是當上霸主太順風順水，加上在楚國搞出太多暴行，

闔閭耗光了人生中所有的好運，

終於，有件**倒楣事**要攤在他頭上了。

這一年，闔閭率大軍去攻打**越國**。

越國的大 boss 大家都熟悉，

名叫~~越王夠賤~~（大誤）**越王句踐**。

吳國和越國的大軍，來到**檇李**這個地方大戰。

面對強大的吳軍，

越軍幾次派出敢死隊**衝鋒**，都被吳國軍隊**打退**。

就在這個關鍵時刻，句踐想到一個夠賤的妙招：

派出一大堆死囚來到吳國軍隊面前，

抽出劍來齊喇喇**抹脖子自殺**。

這是什麼令人窒息的神操作？

吳國士兵從沒見過這般架勢，

就像看見克蘇魯神話裡的怪物一樣，

瞬間**狂掉 san 值**（意為：喪失理智）。

然後越軍趁機進攻，吳國軍隊被打得落花流水，

連闔閭本人都被**斬掉腳趾**，後因**傷口感染**而死。

夫差

兒子，一定要幫我找回我的腳趾，
喔不對，是一定要幫我報仇！

闔閭一死，他兒子**夫差**即位為吳王，

勵精圖治，準備給老爹報仇。

在闔閭留下來的賢臣**伍子胥**的輔佐下，

吳國國力、軍力慢慢恢復。

越王句踐很緊張，又想出一個妙招，那就是──

先發制人！！

雖然越國之前僥倖打敗了吳國，

但和吳國的**實力差距**就擺在眼前，

很快夫差的**吳軍爆打了越國**，越國連都城都被攻陷。

句踐帶著殘兵敗將撤退到**會稽山**裡，眼睜睜看著就要亡國。

句踐身邊也有能人啊。他派出謀臣文種，
讓他帶著財寶、美女，賄賂了吳國大臣**伯嚭**。
伯嚭就在夫差面前為越國說話，
讓夫差放過越國，准許越國**給吳國當馬仔**。

註：馬仔，粵語裡幫忙做事的人的俗稱；二五仔，告密者或者出賣其他人者的俗稱。

伍子胥一看這還了得，趕緊**勸夫差一口氣滅掉越國**，

說越國就是個大禍患。

可能夫差出生的時候腦子被夾壞了，完全聽不進去，

硬是同意了越國的講和請求。

按照雙方的約定，

句踐得親自去吳國，給吳王夫差當**奴僕**。

句踐先在越國安排得妥妥當當，讓**文種**留在越國**處理國政，**

然後帶著**妻子**和**謀士范蠡**一起前往吳國。

伍子胥勸夫差殺掉句踐，除掉後患。

心大的夫差，還是不打算殺句踐。

句踐在吳國給夫差**當馬伕**，一做就做了三年之久，
各種除草、餵馬、打掃馬糞，表現得**很乖、很聽話**，
讓夫差對他**喪失了警惕心**。

最誇張的一次，夫差生病了，
句踐甚至**主動品嚐**夫差的大便，來幫忙鑒定夫差的病情。

這一下，讓夫差感動得淚眼汪汪的，開始各種**優待句踐**，

氣得伍子胥繼續勸諫夫差。

兩個人還**大吵起來**，夫差也氣得快崩潰。

人家句踐可以吃我大便，你呢？

你身為臣子，寡人生病這幾個月，你為寡人做了些什麼？

夫差再也不想聽伍子胥**嘮嘮叨叨**了。

再後來，夫差決定**放句踐回國**，

還把侵佔的越國國土退還給了句踐。

句踐一回國就各種「**臥薪嚐膽**」，

暗地裡努力發展國力，準備**報仇雪恨**。

另一方面，夫差決定向北發展**去打齊國，**

和中原各國爭霸。

伍子胥勸夫差不要打齊國，先對付越國。

可惜夫差已經走火入魔太深，完全聽不進去。

上一章我還是個成功的星探，到這一章，我就成了一個失敗的說客了。

失敗

伍子胥

哭泣哭泣。

你的好運，可能也耗光了！

越國為了對付夫差，用了**美人計，**

送上兩名美女間諜**西施**和**鄭旦。**

夫差被迷得七葷八素，還浪費吳國國力，

為西施修建了豪華的大 house，名叫**館娃宮。**

伍子胥越看越痛心，繼續勸諫夫差。

可是夫差的耳朵**對伍子胥的諫言完全免疫。**

再加上伯嚭在夫差面前**挑撥離間，**

說伍子胥把兒子託付給齊國大臣，

這已經屬於赤裸裸的**吃裡扒外。**

朕看你印堂發黑，恐怕不得善終啊！

果然，夫差聽完伯嚭的話大怒，

派人給伍子胥一把**大寶劍**，要賜伍子胥**自盡。**

伍子胥仰天長嘆，給門客交待了臨終遺言：

你們在我墳前種上梓樹，

待它長大了，

可以給大王當棺材，

挖出我的眼睛，把它們掛在姑蘇城東門，

我要看看越國怎麼滅亡吳國。

乃告其舍人曰：「必樹吾墓上以梓，令可以為器；

而抉吾眼縣吳東門之上，以觀越寇之入滅吳也。」

————《史記·伍子胥列傳》

伍子胥說完，抹脖子自殺。

夫差知道後很生氣，派人把伍子胥的屍體裝到皮袋子裡，

然後扔進河裡，任屍體漂浮。

可憐這個率軍攻陷楚國首都，還把楚王挖出來鞭屍的**狠人，**

最後竟然是這樣的下場！

迷信的講法，可能真的是當年攻破楚國首都後，伍子胥倒行逆施，殺孽太重導致的。

伍子胥一死，再也沒人在夫差耳邊嘮叨了。

夫差忘掉了越國的威脅，

一門心思撲在去中原爭霸的宏圖大業上。

終於在有一年，夫差率大軍北上，

和**中原各國諸侯**在**黃池**會盟，

結果被句踐率領大軍從背後捅了一下。

句踐攻陷了吳國，還**俘獲**了夫差的太子。

夫差**連殺七名報信人**，對外封鎖消息，

在霸主爭奪者**晉國**面前秀肌肉，進行**武力威脅**，

才**勉強**當上了正式的霸主。

雖然幾個主流版本的「春秋五霸」名單裡，
都沒有吳王夫差的名字……

賺到這個**虛名**後，夫差趕緊回軍救吳國老巢。

這時候**士氣不足**，怕真和越國開戰又打不贏，

只好派使者去越國那邊**求和**。

現在還樸實無華且枯燥嗎？

句踐覺得自己現在實力還不夠，一口吞不下吳國，

就同意了夫差的求和，**撤兵**回了越國。

吳國只是暫時能喘口氣，經過這場背刺突襲之戰，

吳國和越國的強弱**關係開始逆轉**。也就是說——

吳國被越國滅掉，只是遲早的事了。

幾年之後，勢力更強的越國發兵攻打吳國。

這一次，句踐把夫差逼到了絕境。

夫差派人向句踐求和，句踐差點心軟答應，

好在范蠡勸住句踐別重蹈覆轍。

於是，句踐沒有再猶豫，一口氣滅了吳國。

但句踐還是決定**饒夫差不死，**

還想在偏僻的甬角旮旯裡，封個百把戶人家給他，

算是挺良善的了。

然鵝

淪落到這個地步的夫差，大概已經覺得做人都太枯燥了，

果斷拒絕了句踐的好意，然後**拔劍自刎。**

據說他自殺時還**以髮覆面，**怕去地府沒臉見伍子胥。

一個曾經那麼強盛的吳國，各種爆打楚國、蹂躪越國，

卻根本**沒來得及跨入戰國時代，**就從這個世界上**消亡**了。

第十三章

戰敗後，一國之君當了鏟屎官

——吳越爭霸

說完了夫差，接下來，

朕就來好好講講春秋時代**最後一位霸主**——**越王句踐**，

還有他的兩位給力小夥伴**范蠡、文種**。

傳說越國的始祖是**大禹**。

（對，就是治水的那個大禹）

越國的主要人口以**百越族**為主，

語言、習俗都**和中原華夏民族不同**。

所以可憐的越國，被當成遠離文明的**蠻夷國家**，

在中原人眼裡就是小透明，中原史書都不怎麼寫越國，

導致越國歷史有**一大段漫長的空白。**

不過到了**春秋中後期，晉國和楚國**兩個超級大國，

為爭奪霸權打得天昏地暗，卻難分高下，

晉國就暗地裡使了個陰招，

*在周天子管區扶持了***吳國**，猛捅了楚國。

楚國也沒閒著，

在周天子管區也扶持了越國，

準備猛捅吳國。

於是，春秋歷史的主軸線，從晉楚爭霸換成了**吳越爭霸**，

越國也因此正式上線。

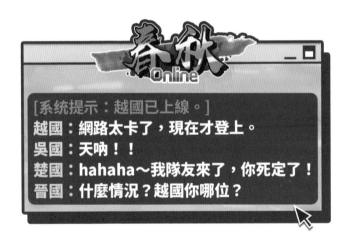

[系统提示：越國已上線。]
越國：網路太卡了，現在才登上。
吳國：天吶！！
楚國：hahaha～我隊友來了，你死定了！
晉國：什麼情況？越國你哪位？

句踐的老爹**允常**在位的時候，

吳國和越國就已經打得昏天黑地了。

越王句踐即位當年，

更是用**死囚自殺來降低吳軍士氣**的奇怪陰招，

幹掉了吳王闔閭，和吳國結下了大樑子。

大概因為越國**遠離華夏文明核心區**，

沒被中原那麼多死板的**禮法拘束**，句踐很善於使用陰招，

活脫脫就是春秋時代的**陰招之王**。

傳說句踐長得也特別，史書記載是「**長頸鳥嘴**」，

按當時面相學的說法，

像他這種人特別<u>陰狠無情、刻薄寡恩</u>。

不過即便如此，**范蠡**和**文種**兩位在楚國混得不好的人才，
還是**移民**到了越國，開開心心地來到句踐手下打工。
起初他們並不受重用，
哪怕提出一些有用的建議，句踐也沒工夫搭理。

吳王夫差即位後立志**要為老爹闔閭復仇**。
句踐腦筋一轉，決定再次玩個陰招，準備趁夫差不備，
對吳國來個**先發制人**的打擊。范蠡怎麼勸他都勸不住。

結果越王句踐**慘敗**，

吳軍還反攻到越國境內，大軍把越國都城**諸暨**團團圍住。

而在諸暨城內，句踐只剩下區區**五千殘兵**，

要打也打不過，要守也守不住，

眼看是藥丸要完的節奏啊！

就在這危急時刻，句踐靈光一閃，又想出對付吳國的**神招數**：

他讓城裡三千士兵扯開嗓門，對著城下吳軍大喊大叫，

想用**音波攻擊**的方式嚇走吳軍。

結果，夫差真被越國人的鬼哭狼嚎嚇得不輕，

還好有**伍子胥**給他加油打氣，才沒有讓吳軍自亂陣腳。

句踐眼看招數不起作用，就在五千殘兵的護持下，

殺出諸暨城，撤退到**會稽山**上。

吳軍陰魂不散地跟了過來，**不僅包圍了會稽山，**

還**切斷了越軍的水源**，擺明了就是要弄死越國的節奏。

好在句踐還有兩個給力手下——范蠡和文種。

范蠡提出趕緊向吳國**求和**，哪怕句踐去給夫差當奴隸，哪怕做牛做馬，只要能保住越國就行。

如果夫差腦抽筋答應求和，那越國就還有**一線生機**。

文種臨危受命，去吳軍大營求和，

一通**嘴炮**下來，說得夫差很動心，就想接受越國的求和。

吳國的伍子胥太厲害，馬上勸住了夫差：

吳越是天生的敵國，

有吳國就沒越國，有越國就沒吳國。

現在這麼好的機會，不弄死越國，

以後後悔就來不及了！

文種眼直接說服夫差有難度，

就帶著**金銀財寶和美女**，轉而去賄賂吳國權臣**伯嚭**。

伯嚭拿人手短，賣力地在夫差面前為越國說好話，

說得夫差心軟，竟然放著殺父之仇不報，

真的答應了句踐的求和。

雖然暫時保住了小命，

不過句踐身為戰敗一方，必須去吳國給夫差當**馬伕**。

夫差很寬宏大量，答應給句踐**一年的時間**回去準備，

第二年必須來吳國報到。

拿了夫差的 offer，可以第二年才去公司報到，不得不說吳國福利真不錯。

句踐回到越國都城，哭著向全國百姓作了檢討，

總之千不該萬不該，不該自不量力地主動打吳國。

至於老百姓會不會原諒他，朕覺得吧──

在接下來的時間裡，句踐腦袋開竅了，

變身成**明君**一隻（or 一頭？），

埋葬戰死者，救濟受傷者，給老百姓更多的**福利。**

老百姓**不喜歡的法律，**他也全部廢除。

他一下得到了全體越國人的擁護。

隨後句踐做好安排，讓處事穩重的**文種留守越國，**

讓機智的**范蠡跟著他**一同趕赴吳國都城**姑蘇**報到。

雖然夫差之前饒過句踐，

從此**句踐的小命捏在夫差手裡，**

一個不小心，搞不好就小命難保。

這一趟行程可以說非常兇險，和**走鋼絲**差不多。

句踐來到吳國面見夫差，還是老樣子，

伍子胥勸夫差動手殺句踐，

早被文種收買的伯嚭，還是一個勁兒為句踐說好話。

反正到最後，夫差沒想殺句踐，

反倒**看上了句踐身邊的范蠡**，覺得這傢伙是個**人才**，

想把他從句踐身邊**挖過來**。

夫差明確提出要讓范蠡歸順吳國，

句踐嚇得臉都綠了，以為范蠡真要**藉機跳槽**。

沒想到范蠡一口回絕：

多謝大王饒我們不死，

我希望做您的**清潔工、養馬人**，這就夠了。

蒙大王鴻恩，得君臣相保，願得入備掃除，

出給趨走，臣之願也。

——《吳越春秋》

反正就是明確告訴夫差：

我不想當你的手下，還是想跟著句踐混。

患難之中見真情啊！

沒辦法，夫差只好把句踐和他老婆，還有范蠡，

一同**打發**到吳王闔閭墳塚旁邊的**石洞**裡生活。

白天句踐一身**馬匹鏟屎官**打扮幫夫差養馬、除草，

句踐的老婆幫忙**掃地、撿馬糞**，

就這樣卑微地生活了**三年**。

句踐心裡想手撕了夫差，

但表面上裝得跟沒事人一樣。

夫斫剉養馬，妻給水、除糞、灑掃。三年不慍怒，面無恨色。

——《吳越春秋》

看到「除糞」這個詞，朕覺得句踐可能命
裡帶屎，這一輩子要多次和屎打交道。

有一天夫差和伯嚭登上高台，

暗中觀察到句踐一夥人**哪怕一邊給馬鏟屎，**

一邊還特別注重禮節，句踐和他老婆的夫妻之禮，

句踐和范蠡的君臣之禮，依然沒有**荒廢。**

按理說，夫差看了應該受到**十級驚嚇，**

覺得句踐是個**威脅**才對。

夫差的大腦可能**有異於常人，**反倒覺得句踐人很不錯，

心裡一感動，外加身邊的伯嚭一頓說情，

就打算放句踐回國。

可惜很不巧，夫差生了重病，范蠡**算準**夫差死不了，

過不了多久就會好，建議句踐去探望夫差的時候，

一定要勇敢品嚐夫差的大便，

這樣就能得到夫差的絕對**信賴。**

於是，句踐真的吃了夫差的大便！

順便一說，傳說句踐品嚐了大便之後，就染上了口臭的毛病。不得不說，夫差的大便真是後勁十足……

然後**笑嘻嘻地**告訴夫差：

恭喜大王！剛才微臣透過品鑒大王的御屎，
得知大王病情已經開始好轉，很快就會好了。

夫差感動得小心肝都快化了，一開心就讓句踐搬出石洞。

不久，夫差疾病痊癒，看句踐的小眼神，

瞬間就從有點警惕變成毫無防備，甚至充滿慈愛，

終於不顧伍子胥的反對，真的放句踐回國了。

歷史終將證明，永遠也不要相信
連你的大便都敢吃的人！

三年！熬了整整三年！

句踐終於重獲自由，回到了闊別已久的越國。

越國臣民早就排隊迎接，

紅旗招展、人山人海、鑼鼓喧天、鞭炮齊鳴，

（喔對不起，春秋時代還沒鞭炮）

反正很熱鬧就對了。

那麼接下來，句踐怎麼發揮**陰招之王的本色，**

消除口臭 ~~（喔呸呸呸）~~

洗刷恥辱呢？

第十四章

真·陰招之王

——越王句踐滅吳

雖然嚐糞之仇**不共戴天**，句踐立下大志要**復仇**，

現在吳國勢力**如日中天**，

越國在吳國面前，就是**絕對的小弱雞**，

要打敗吳國，只能先想辦法讓**弱雞**越國完成**華麗蛻變**。

好在越國有句踐，

以及他的兩位天才小夥伴──

范蠡、文種。

註：歐羅肥，一種肥料，因為長久知名的廣告而走紅。

在范蠡的建議下，句踐重視**農業生產，**

和老百姓一起墾荒，並使用肥料歐羅肥。

受戰爭破壞的**農業逐漸恢復，**

讓越國擁有了充足的**糧食保證。**

因為之前的大戰亂，越國損失了大量人口。

為了讓越國人多力量大，

句踐制定了對**單身狗的爸媽非常不友好**的政策：

女子十七不嫁，其父母有罪；

丈夫二十不娶，其父母有罪。

這政策要是延續到現在，多少單身狗
的爸媽，恐怕進了牢房就出不來了。

朕覺得，令尊令堂可能就被
直接拉出去槍斃了⋯⋯

除此之外，為了保障人口繁育，

句踐還**不准小哥哥娶老太太**，也不准**小姐姐嫁給老爺爺**。

越國老百姓要是生多了也不用怕養不起，

生兩個孩子，**國家管吃**；

生三個孩子，**國家提供奶媽**。

生三人，公與之母；生二人，公與之餼。

——《國語·越語》

再加上越國對窮人福利不錯，而且**十年不向百姓徵稅**，

老百姓負擔輕，越國人口自然就蹭蹭上漲。

接下來，句踐想要訓練強大的軍隊。

他在民間找到一位**劍術高手**，也就是大名鼎鼎的**越女**，

（史書上並沒有記載她的真實姓名）

聘任她當越軍的劍術教官。

順便說一句，**金庸小說《越女劍》的主角阿青，**

原型就是她。

越女阿青，可能是金庸筆下戰鬥力最強的人物之一，曾經一個人挑翻了一支軍隊。

可以想想，越女訓練出來的越國軍隊，

那普通士兵的戰鬥力穩穩地要逼近爆表的水準。

越國健身計畫
農業生產 ✓
人口恢復 ✓
練武強軍 ✓

打勾~

在這期間，句踐也變身成工作狂，

逼自己**堅持血汗無休地處理國政。**

他不穿華麗的衣服，只吃素，不吃葷菜，還親自下地耕田。

最可怕的是，他還把苦膽掛在旁邊經常舔舔，嚐嚐苦味，

提醒自己**吃屎不忘拉屎人，**
一定要找**拉屎人**夫差報仇。

這就是**「臥薪嚐膽」**的故事。

（雖然臥薪這件事，是後人加進去的）

傳說句踐當年品嚐過夫差的大便後，染上了**口臭**的毛病。

這些年他透過吃**魚腥草**，

治好了這尷尬的病症。

在范蠡和文種的幫助下，口臭治好了，

農業和人口恢復了，軍事也強大起來了，

句踐要報仇雪恨只差一樣東西。

那就是**機會**！

一個能滅掉吳國的機會。

雖然吳國看似強大無比，但別忘了，

我們的主人公夠賤句踐可是「**陰招之王**」。

就算本來沒有機會，他**用陰招也能創造機會**。

接下來，在文種的建議下，

句踐發揮陰招之王的本色，把吳國**陰了個底朝天**。

 陰招① 高價購買吳國的糧食。

句踐動用高價，去**收購吳國的糧食**，

然後將糧食囤積在國內，**不吃也不用**。

你想想看，要是吳國**經濟**出了問題，

恐怕老百姓連飯都吃不到，**很多人都得餓死**。

 陰招② 送美女給夫差。

其中最有名的美女，就是**西施**。

她本來只是**苧蘿村**的村花，被越國特工負責人**范蠡**發掘，

帶到越國總部學習歌舞，然後被包裝訓練成**美色間諜**。

村里有個姑娘叫西施，長得好看又善良，
一雙美麗的大眼睛，辮子粗又長……

傳說在這個過程中，范蠡和西施還產生了愛情的火花。

越國的規矩是嚴厲禁止辦公室戀情。（大誤）

為了越國的滅吳大業，范蠡和西施只能隱藏起感情，

然後西施被送到了吳王夫差的御床上。

果然，吳王夫差被西施迷得**七葷八素**，開始不理朝政。

 陰招③ **誘使夫差亂花錢。**

句踐還送給夫差各種**能工巧匠**，外加上好的**木材**，

讓吳王夫差的生活越來越**樸實無華且枯燥**[註]，

誘使他花很多錢來建宮殿，趁機大力**消耗吳國國力**。

賤！實在是夠賤！

註：生活越來越樸實無華且枯燥，源自於網路上「有錢人的生活就是這樣的樸實無華且枯燥」的哏，是一種另類的炫富。

陰招④ 鼓動夫差挑起戰爭。

文種每年持續給吳國權臣**伯嚭**送錢，

讓他**鼓動夫差對外擴張**，和北方的齊國爭霸。

雙方打得死去活來，這樣就**進一步消耗了吳國國力**。

夫差可能不懂怎麼給自己回血……

231

文種還繼續利用**伯嚭**，

打翻夫差和能臣**伍子胥**之間本來就破爛的友誼小船，

結果**伍子胥被賜自殺**。

反正這幾個大陰招，一同招呼在吳王夫差那裡。

終於，**機會來了！**

夫差率領大軍參加**黃池之會**，想要爭當春秋霸主，

被句踐從背後突襲！

這一下吳國元氣大傷。

又過了一些年頭，句踐終於率領越軍滅掉了吳國，

吳王夫差**自殺身亡**。

句踐終於報了**嚐糞之仇**。

句踐吞併了吳國原來的地盤，勢力大大增強，

後來更是登上**霸主之位**，成為春秋時代**最後一位霸主**，

「霸主的終結者」。

范蠡發現句踐這個人的面相是**「長頸鳥嘴」**，

只能共患難，不能同富貴，

下定決心要**功成身退**。

但句踐並不想放范蠡走，還威脅范蠡：

你要是不走，我和你一同管理朝政；

你非要走的話，信不信我弄死你！

句踐曰：「孤將與子分國而有之。不然，將加誅於子。」

——《史記・越王句踐世家》

句踐已經賤到極致了！

但范蠡也不笨，直接回答說：

大王你按你的法令來囉，我還是按我的想法辦。

隨後范蠡收拾了家當，招呼也沒跟句踐打一聲，

就辭職**泛舟太湖**去了，傳說他還帶上了大難不死的西施。

另一些傳說版本裡，西施的命就不太好了，
她被當作亡國掃把星，給沉江弄死了。

范蠡還寫信勸**文種：**

飛鳥盡，良弓藏；狡兔死，走狗烹。

要他早點打算，也離開句踐。

文種心裡也明白，跟著句踐把越國做大，

現在**不僅得不到福報，還可能隨時被幹掉，**

乾脆**謊稱生病，**向句踐請了長期病假，準備考慮考慮。

文種的生命，開始進入倒數計時的階段……

再加上別有用心之人的挑撥，
句踐對文種起了**殺心**，終於賜了文種自盡。
據說文種自殺用的那把劍，
正是當年伍子胥自殺時用過的屬鏤劍。

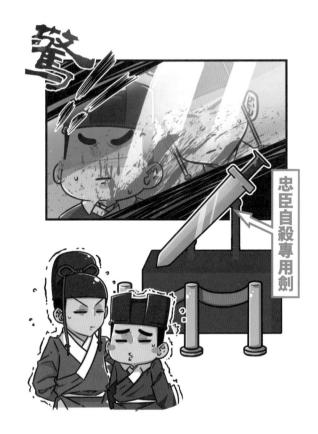

驚

忠臣自殺專用劍

文種死得慘，溜得早的范蠡就活得很瀟灑，

後來三次經商成為**大富豪，**又三次很瀟灑地散盡家財，

江湖人稱**「陶朱公」，**

成了後世生意人心中的**大財神。**

而越國的結局嘛……

越國從春秋時代挺入**戰國時代，**還是一大強國，

只不過又是老戲碼，後來因為陷入**內亂，**國力迅速衰落，

就被楚國吞併了。

所以，你現在明白，為啥項羽以及他手下的江東子弟，明明是天子管區裡的人，卻又是貨真價實的楚國人了吧？

第十五章

中國貴族精神唯一代言人

——「呆萌傻」宋襄公

貴族，這個被**爛俗偶像劇男主角**用爛了的身分，

這個讓土豪羨慕得流口水的群體，

被無數民間歷史「專家」稱讚，

說他們天生自帶超級多的**正能量屬性：**

高貴、正直、仁義⋯⋯

這些屬性統稱為──

「貴族精神」。

我和貴族的祖先，同樣出自人類搖籃東非大裂谷，而且我也同樣正直、仁義，憑什麼就不能叫「農奴精神」？

農奴

農奴精神？聽起來也太上不了檯面了吧！

多少**懷春中二少女**，眼饞男貴族們高貴純血的身體；

多少**吃飽了撐著**的土豪，

願意掏錢學貴族們繁瑣又無聊的禮儀，

以為只要**裝**起來像貴族，那麼——

土豪就變成了**如假包換的貴族**。

按我們貴族的禮儀，吃大腸刺身的時候，一定要配上一份生炸大腸汁。

貴族

土豪 土豪 土豪

哇，不愧是大公國的貴族。連吃飯都這麼講究。

說真的，古代中國土豪要是真心想學如何成為一名貴族，

完全不必浪費機票跑到國外去學。

因為在**春秋時代，**

剛巧就有一位貴族精神的極致傳承人——

「春秋第一呆萌傻」宋襄公。

朕可以透過時光機把他請過來，

給土豪們開個**速成培訓課程**。

要是各位土豪還在猶豫要不要報這個課程，

不急，可以先搬個小板凳坐下，

聽朕說說這位宋襄公老師的**光榮事蹟**。

然後各位土豪老爺對照看看，看自己有沒有成為貴族的天分。

成為貴族的第一奧義：

血統高貴，賽過純種賽級柯基。

也就是說，要成為一名貴族，

追溯到**祖宗十八代**，最好都得是貴族。

第一步都這麼難啊……

我們的課程主講宋襄公老師，

他的爸爸、爺爺都是宋國國君，**穩穩地都是貴族。**

他的祖先是商紂王的哥哥**微子啟**，因為給**周武王**當帶路人，

後來被周王封到宋地，成為**宋國開國始祖。**

算下來，宋襄公擁有殷商王室血脈，血統是貴得**不要不要的。**

那麼恭喜你！你擁有源自東非大裂谷的高貴血統！透過我們的課程，變成真正的貴族，就不在只是夢想。

成為貴族的第二奧義：

擁有謙讓的美德，胸口佩戴著無形紅領巾。

我們的主講老師宋襄公，是他老爹正妻的長子，

按照當時的 **「嫡長子繼承制」**，

他老爹一嗝屁，王位鐵定是他的。

面對權力這種無數男人都抵擋不了的**極致誘惑，**

宋襄公貴族式的謙讓美德發作，在老爹快**嗝屁**的時候，

請求把自己的太子之位，讓給自己同父異母的哥哥**子魚**。

子魚聽說後，當場表示**拒絕**，

趕緊收拾包袱，先逃往衛國暫避風頭。

宋襄公這才沒有把位置讓出去，順利即位為**宋國 boss**。

咳咳！

總之，如果擁有宋襄公這種**謙讓的美德**，

那就離成為一名真正的貴族又進了一步。

成為貴族的第三奧義：

信守諾言，哪怕賭上自己的小命也無所謂。

當年春秋初代的武林盟主**齊桓公**，在**葵丘**召開武林大會，

宋襄公也率團參加。

沒想到在大會上，正氣勢正盛的的齊桓公，

竟然拜託還是**二愣子**的宋襄公，

讓他將來幫忙照顧齊國**太子昭**。

宋襄公激動得小心肝噗通噗通跳，一口就答應了齊桓公。

陶醉~
陶醉~

沒辦法，誰叫俺是齊桓公的資深迷弟。

結果 N 多年後，齊桓公因寵倖奸臣慘死，

齊國爆發**內亂**，五位公子立刻上演搶寶座的戲碼。

太子昭跑路到宋國，請求宋襄公幫他奪回國君的寶座。

雖然宋國的實力不怎麼樣，

宋襄公身為最有貴族精神的男人，

既然答應做人家的守護天屎使，

怎麼會丟下太子昭不管呢？

當即號召了幾個比宋國還弱的**鼻屎小國**，

一同派軍隊護送太子昭回齊國即位。

這群弱雞要是沒輸，我生吃香菜。

網友

自古**「弱雞」愛開掛**，宋襄公帶領的「弱雞軍團」，

竟然**開掛打贏了！**成功扶持太子昭當上了齊國 boss。

就算賭上自己的小命，宋襄公也要信守諾言。

如果你也有宋襄公這份人格魅力，再次恭喜你——

離成為一名合格的貴族，就又又又進了一步啦！

成為貴族的第四奧義：

死守貴族的規矩，

就算被人罵成傻子都無所謂。

成功扶持太子昭上位後，宋襄公信心爆棚，

想扛起齊桓公的**「仁義」大旗**，上位成為新一代武林盟主。

畢竟齊國經過前面的內亂，國力已經 **hold 不住霸權。**

宋襄公想當武林盟主，南方的**楚國**第一個不服。

不服那怎麼辦？

於是，幫鄭國趕走宋國後，宋楚之間也打了起來，

那就是**泓水之戰**。

按道理，宋國的兵力遠遠比不上楚國，

正面迎敵鐵定**被爆揍**。

一個超級好的機會，就擺在宋襄公的眼前：

宋軍已經在泓水岸邊擺好陣勢**準備開幹**，

而楚軍還沒有完全渡過泓水。

宋襄公的哥哥子魚，勸他趕緊對楚軍發動突襲。可是——

朕說歷史‧春秋篇

「呆萌傻」宋襄公

宋人既成列，楚人未既濟。

司馬曰：「彼眾我寡，及其未既濟也，請擊之。」公曰：「不可。」

——《左傳》

眼巴巴看著楚軍過了河，但楚軍的**集體 pose** 還沒擺好，

子魚再次勸宋襄公發動突襲，打得楚軍媽都不認識。

終於等楚軍集體 pose 擺好，一切都**準備就緒，**

兩方正面剛[註] 了一波。

然後……

宋軍慘慘慘慘敗！

連宋襄公的大腿都中了一箭。

___

註：網路用語，在這裡表示正面對決的意思。

後世有位偉人評價宋襄公，

說他是 **「蠢豬式仁義道德」**。

當代無數民間「專家」，對宋襄公的**行為**評價超級高，

說這是中國失傳已久的貴族精神。

實際上，春秋貴族之間，

雖然經常因為互相看不順眼而要打仗，

但打仗要講究「貴族規矩」。

春秋貴族之間的戰爭規矩

1. 不重傷：不攻擊已經受傷
   的敵人。
2. 不禽二毛：不俘虜老年人。
3. 不鼓不成列：敵人沒擺好
   陣型，我方不能進攻。
4. ......

這到底是打仗呢，還是大型軍事運動會呢？

宋國擁有**殷商王族的高貴血脈**，

貴族們就**更講究**這套規矩了。

宋國曾經發生內亂，**公子城**和**華豹**兩個貴族玩打仗。

華豹射了公子城一箭，**沒射中**，還想射第二箭。

公子城立即喊「**cut**」，說這不公平，明明該輪到我射你了。

這劇情，編劇都不敢這麼寫吧！

更離奇的是，華豹竟然**同意了**，放下弓等公子城射他。

然後華豹就——

被！射！死！了！

在春秋時代，原來打仗真的就是回合制遊戲。

所以不難理解，哪怕宋襄公因為箭傷感染**嗝屁**，

哪怕從此宋國淪為**真‧二流國家**，以致最終被**齊國**吞併，

宋襄公豁出老命，也要嚴格遵守貴族的打仗規矩。

他真不愧為

中國呆萌傻精神

中國貴族精神的唯一~~帶鹽~~代言人。

可是黃桑，史書上明明紀載宋襄公各種蹂躪周邊小國，不僅強抓了騰國國軍，還把鄫國國君殺了去祭神，這也算仁義？這也叫貴族精神？

喂喂喂，你可別拆朕的台啊！

宋（襄）公使邾文公用鄫子于次睢之社，欲以屬東夷。

———《左傳》

臉好疼……

民間歷史「專家」

第十六章

春秋最強心機 boy

——「春秋小霸」的崛起與衰落

春秋戰國大亂世，

就是一個**陰人狠人**年年有，**心機 boy** 遍地走的時代。

要說當中最心機的 boy，當屬 **「春秋小霸」**——

鄭莊公。

作為**史上最強心機 boy**，鄭莊公一路風騷操作，

帶領鄭國當上春秋初年的老大。

後來登場的「春秋五霸」，都得喊鄭莊公一聲**爸爸。**

我們叫你一聲爸爸，你敢回應嗎？

越王句踐

吳王夫差

楚莊王

齊桓公

晉文公

我敢。

鄭莊公

春秋五霸

畢竟當春秋霸主這種劇情，那都是鄭莊公玩剩下的。

那麼問題來了——鄭莊公的心機到底有多深呢？

就讓朕來講講，心機 boy
鄭莊公的霸主上位史。

鄭莊公是**鄭國 boss 三代目**，

有個非主流名字，叫**「寤生」**。

他**逆練**投胎術，出生的時候腳先冒出來，

害得他母上**武姜**難產，所以母上給他取了這個名字。

另一說法是鄭莊公在武姜睡夢中出生。

喂喂喂，百分之百皇家血統嬰兒，
通話儲值免費送，你要不要？

所以武姜超級**嫌棄**鄭莊公，

把氾濫的母愛都給了弟弟**共叔段**。

這讓鄭莊公的童年，一直處於母愛缺失狀態。

鄭莊公老爹快**領便當**時，武姜還計畫讓共叔段當太子。

還好他老爹智商線上，沒有同意，

鄭莊公的位子才沒被搓掉。

哇！這鄭莊公是她媽親生的嗎？

對於**偏心**的老媽，還有這麼個**搞事**的弟弟，

鄭莊公恨得牙癢癢，恨不得立即抽出**四十公尺大刀**，幹掉他們。

真要敢這麼幹，

鄭莊公立馬會被人噴死。

畢竟在看熱鬧的群眾看來，共叔段也沒有做得太過分，

你鄭莊公就手撕了弟弟，這就是**暴君石錘無疑**了。

那鄭莊公該怎麼對付老媽和弟弟呢？

一個字，慣！

鄭莊公不愧為史上最強心機 boy，弟弟罪不至死，

那就**慢慢慣著他**，讓他在找死之路上一路狂奔。

鄭莊公暗中布置好四十公尺大刀，等弟弟突破找死底線，

再立馬手起刀落，**名正言順地**除掉弟弟這個禍患。

所以偏心老媽替弟弟索要**封地**，

阿莊哥哥答應了，同意把一座**大城京邑**封給老弟。

手下謀臣都勸他謹慎點，阿莊哥哥表示——

京邑城池又大又舒服，共叔段往這塊地上一趴，

心裡沒滋長點**邪念，**都對不起這塊風水寶地。

謀臣沒看出鄭莊公的小心機，還勸他早點**喊 cut，**

別讓弟弟野心膨脹到原地爆炸。

鄭莊公卻說：

多行不義必自斃，姑且等著瞧吧！

順道一提，「多行不義必自斃」
這句成語，就是從這裡來的。

接著，共叔段**吞併**了鄭國邊境領土，而且胃口越來越**大**，

根本控制不住自己。

但鄭莊公藏好四十公尺大刀，還是**連屁也不放一個**。

就等你原
地爆炸。

共叔段

打氣～

終於，共叔段找死到讓老媽作**內鬼，**

準備殺進都城大幹一場。

可惜所有不可描述的**交易**早就在鄭莊公的掌握中，

他果斷抽出饑渴難耐的四十公尺大刀，

以**迅雷不及掩耳之勢**，清除弟弟所有的勢力。

共叔段的**封地被收回，**他逃亡後，在國外領了便當。

偏心老媽武姜被鄭莊公軟禁起來，鄭莊公還發誓說：

不到黃泉，永不相見。

鄭莊公很快就**後悔**了。

媽媽走的第一天，想她想她想她……

不過也有可能是，鄭莊公意識到：

軟禁老媽這種事**太超前、太過火，**

春秋初年的老百姓接受不了，搞不好會動搖自己的統治。

所以心機 boy 又心機了一把，想找個台階下。

身為鄭國最大的 boss，**屁股一撅，就有人知道他想拉屎。**

很快就有小弟貢獻了個劇本，

說挖個能滲出地下水的地道，然後母子**在地道碰面，**

這不就不違背誓言了嗎？

地下水是黃泉，沒毛病。

鄭莊公按劇本**做足全套**，母子倆都戲精附體，

發揮**奧斯卡影帝影后**級別的演技，

立馬來了個**感天動地的大團圓**。

考叔曰：「穿地至黃泉，則相見矣。」於是遂從之，見母。

———《史記·鄭世家》

雖然他們心裡可能還在
互相對罵……

心機 boy 搞定了國內，下一步，

就要讓其他諸侯國也嚐嚐他心機的滋味。

首先，鄭莊公利用自己**周王 CEO** 的身分，

藉口宋國不服周桓王，各種蹂躪爆揍**宋國**，

有時候蹂躪目標還帶上隔壁的**衛國**。

當周桓王覺得鄭莊公太狂妄，

怕 **hold 不住**他，想把他 CEO 的權力**分出去一半時，**

鄭莊公瞬間向周桓王露出了獠牙，

逼得周桓王**送王子當人質，**還搶割周桓王田裡的麥子。

最最最過分的是，鄭莊公還和周桓王**打了一架，**

手下一箭射中周桓王的肩頭。

莊公與祭仲、高渠彌發兵自救，王師大敗。祝聃射中王臂。

——《史記・鄭世家》

手下請求鄭莊公痛打落水狗，　　　周桓王。

鄭莊公不想把事情做絕，把周天子逼成宿敵，

便立馬心機變笑臉，

不僅沒追捅周桓王，還派人去慰問周桓王的傷情。

一方面用周桓王的名義去蹂躪周邊弱雞小國，另一方面又和周桓王爭而不破，這個鄭莊公，心機簡直 666……

總之，鄭莊公耍心機很爽，一直心機一直爽，終於混成了**「春秋小霸王」**。

小霸王，其樂無窮啊。

蛋是

心機了一輩子的鄭莊公，

卻沒有料到自己幾個兒子都**不爭氣**，

被心機權臣**祭仲**玩於鼓掌之上，一個個排隊被廢立。

鄭國被搞得亂成一鍋粥，國力瞬間雪崩，

從此淪為**二流小國**。

到戰國時代，鄭國又被「戰國七雄」裡最弱的**韓國**一口吞掉。

第十七章

工作絕緣體，在副業上取得的成就卻無人能比

——孔子

這一次朕要說的這個歷史人物，

無論是**中國人**還是**外國人**，肯定都聽說過。

他就是——**孔夫子**。

有位叫麥克·哈特的外國學者，整理出一份「影響人類歷史進程的一百名人排行榜」，其中孔夫子名列第五。這也是中國人當中排名最高的。

別看後世尊稱孔子為聖人，

孔子這一生還是挺坎坷的。

孔子年輕的時候，只能在魯國當個小官，

而且薪水還賊低，有點滿足不了孔子結婚生子後的開支。

年度開支計畫

1. 在都城買套房（附馬車停車位）
2. 買一輛品質好的馬車
3. 老婆要的名牌包、香水
4. 孩子上魯國名師的補習班
5. 孩子要學樂器
6. ⋯⋯

孔子被逼得沒辦法，只好業餘時間搞兼職，

賺點**外快**以補貼家用。

貴族婚喪嫁娶那些複雜的**禮儀**，孔子能背得滾瓜爛熟，

所以第一份兼職工作，

就是貴族家辦紅白喜事時，他去當**司儀**。

後來，孔子書讀得更多了，學問更大了，

乾脆自己創業，開起了**民營學校。**

不管什麼身分的學生，

只要給一條**臘肉乾**當學費，就能跟著孔子學知識。

這一辦，卻辦出了成績。

後來，孔夫子被認為是**「偉大的教育家」，**

也是中國歷史上**第一個從事民辦教育的人。**

他培養了**三千**弟子，其中有**七十二**個非常優秀的學生，

例如：子路、顏回等人，

更是被後世稱為**「孔門七十二賢」。**

反正孔夫子以後肯定不缺臘肉吃了。

其實孔子心中一直有一個**偉大的夢想，**

那就是**恢復西周時期的社會秩序。**

那時候天子、諸侯、大夫**等級分明，**

下一級服從上一級的權威，

各國諸侯好好服從天子，大夫好好服從諸侯。

可惜歷史進入到**春秋時代，**

天子開始鎮不住場子，各諸侯國之間打得**頭破血流。**

各諸侯國內部，國君也開始鎮不住場子，

父子兄弟間為奪權**殺來殺去；**

有勢力的大夫家族也鬧得厲害，

不僅控制國君，甚至還**流放國君、殺害國君。**

這種現象就是——

君不君，臣不臣，父不父，子不子。

用人話來說，就是亂了套了。

孔子心中的理想社會則是——

君君臣臣、父父子子。

君主像君主的樣子，臣子像臣子的樣子，

大家**各安其位**，不同社會等級都安於自己的等級身分，

所有人開開心心，別想太多，

天下就沒有那麼多的戰爭、叛亂、陰謀，

世界將變成美好的人間。

那普通老百姓呢？

當然是安於自己的被統治地位，好好服從統治者呀！

可是黃桑，如果統治者為所欲為呢？

這一點嘛，孔夫子當然也是考慮到了。

雖然他認可**社會等級制度**，承認人應該有**貴賤尊卑**的差別。

他也**並不希望**看到統治者為所欲為、蹂躪百姓。

所以孔子提倡——**「仁」**。

這也是孔子的核心思想。

所謂「仁」，就是**「仁者愛人」**，

「己所不欲，勿施於人」。

也就是說——

如果統治者、貴族很**「仁」**，吃相不那麼難看，

老百姓的日子還是**過得下去的**。

那麼孔子到底是站在哪一邊的？

網友

說真的，

你不能強求**兩千五百年**前的孔子也提倡人人平等，

他一定有他的**時代侷限**。

但孔子這套「仁」的理念，

已經有相當程度的**人本主義**色彩，

在那個時代已經**非常進步了**。

所以孔子的偉大，無庸置疑。

在魯國國內，孔子的偉大夢想沒辦法實現，

他覺得待著**沒意思**，

只好率領眾多弟子，開始了**周遊列國的漫漫旅途**。

孔子想在外國溜達溜達，

看看有沒有機會能獲得重用，實現自己的**夢想**。

換句話說──

俺要 job ！

然**鵝**

生活，並沒有對孔子更溫柔一點。

孔子這趟出境遊，**經歷了不少磨難，**

痛苦程度直逼**唐僧取西經**。

首先，孔子去了**衛國**。

不過衛國**政局亂糟糟**的，孔子並不想多待，

很快就啟程往**陳國**跑，

結果在途徑一個叫**匡城**的地方時，

就遇上西天取經

（哦，不）

遭遇了周遊列國的第一難。

當時，孔子一行人經過匡城城牆下，

孔子的弟子**顏刻**指著城牆說：

看那城牆的缺口，當年我就是從這兒進城的。

沒想到匡城百姓聽到這話，個個**怒氣衝天**，

把孔子**強行扣押**了下來。

原來當年陽虎當魯國喬事人的時候，

曾經率魯軍**蹂躪**過匡城，顏刻曾是魯軍的一員。

所以匡城百姓**恨不得手撕**陽虎。

而剛巧孔子長得就像是陽虎的**複製人**，

匡城百姓就把倒楣的孔子當成陽虎，

把孔子一夥人**強行扣留了五天。**

遇到這麼一群氣勢洶洶、喊打喊殺的百姓，

孔子師徒一度失散。

尤其是孔子喜歡的弟子**顏回，**

孔子很長時間沒看到他人影，還以為他死了，著急得不得了。

好不容易從匡城**脫困**，孔夫子又返回衛國。

而這一趟回衛國可不得了，

硬生生給孔夫子整出一段**流傳兩千五百年**的緋聞。

衛靈公的夫人**南子**,生性風流,

竟然想**單獨**和孔夫子見見面。

孔子拒絕不了,就去了。

結果這事之後,

關於南子和孔子的*風言風語*,就多了起來,

連學生**子路**也**埋怨**老師為啥要去見這麼一個女人,

弄得孔子急了眼,**賭咒發誓**說:

俺要是幹了什麼不好的事,老天都不會放過俺!

子路不說。孔子矢之曰:「予所不者,天厭之!天厭之!」

──《史記・孔子世家》

雖然俺表面上來見你，
但俺的內心是拒絕的。

緋聞越傳越**邪乎**，這破衛國孔子真不想待了，

於是他帶著弟子們，又開始了周遊列國的旅途。

在接下來的旅途中，孔子遇到了更多的**劫難**。

他來到**宋國**，

宋國的司馬**桓魋**放出話來要*弄死*孔子。

他來到**鄭國**，和弟子**走散了**。

弟子們到處打聽孔子的下落。一個鄭國人說：

有一個人像條「喪家狗」一樣，正獨自站在外城的東門。

順便說一句，「喪家狗」這個對孔子的描述，孔子本人也是笑著認可的。

孔夫子還挺會自嘲的。

弟子們跑去一看，還真是**孔子本尊**。

他來到**陳國**，剛好陳國又不太平，

晉國、楚國、吳國輪番**爆揍**陳國，在陳國待久了也**危險**。

孔子*兜兜轉轉*，

想返回**衛國**，

結果半路上遇見衛國大臣**叛亂**，

孔子又被**扣留**在當地好些天。

孔夫子這是擁有易被扣留體質嗎？

好不容易**又再次**回到衛國，孔子指望衛靈公能重用他。

不過衛靈公**急需**的可能是**軍事人才。**

他曾經問孔子用兵的陣法，孔子卻說：

擺弄禮器的事俺懂，軍隊作戰的事俺也沒學過。

換句話說，孔子的專業和人家
單位的需求，也不是很相符。

反正最終孔子依然沒得到重用，只好灰頭土臉地離開衛國。

後來孔子來到**蔡國**，終於有個絕好的機會擺在他面前──

南方超級大國的老大**楚昭王，**

很有誠意地邀請孔子到楚國做客。

孔子在列國間奔波了這麼久，

還是第一次有國君邀請他。

俺的影響力真心不是蓋的。

蔡國跟著**吳國**混，跟楚國人不大對*盤*，

根本不願意看到孔子去楚國。

孔子剛走到半路上，蔡國人就**殺了過來**，

把孔子包圍起來，想逼他**返回蔡國**。

孔子**倔脾氣**一上來，堅決**不肯**回蔡國，

蔡國人又沒賊膽直接幹掉孔子，所以雙方就這麼**僵持著**。

孔子等人一連受困好些天，糧食都吃光了，

又沒法上網叫外賣，一群弟子都餓得起不了身。

孔老夫子倒是很**淡定**。

他自己也沒轍。

多虧了他的弟子**子貢**跑出去向楚王請救兵，

才幫助孔子和弟子們**脫困**。

到了**楚國**，

楚昭王**超欣賞**孔子，準備送孔子一個**超值大禮包**，

直接把**七百里**土地封給孔子，讓孔子在楚國開個**分公司**。

楚國丞相**暗地裡**提醒楚昭王——

你手下有像子貢這樣的外交人才嗎？有像顏回這樣的政務人才嗎？

有像子路這樣的將帥之才嗎？

答案很顯然——**沒有**。

所以很明顯地，

如果給了孔子封地，而孔子學生中又有這麼多能人，

恐怕孔子等人會成為楚國的**禍害**。

子路　顏回

真是傷腦筋呢，誰叫我們都這麼優秀呢！

於是，楚昭王的想法被徹底打消，

所以孔子在楚國也沒能得到重用。

反正在外國晃蕩了**十四年**，

孔子就沒找到一份像樣的工作，當了十四年的**無業遊民**。

終於在年近七十的時候，孔子回了故鄉魯國，

不過依然沒有受到重用。

俺太衰了！

孔子這時候年歲也大了，徹底**斷絕**了當官的念頭，

專注於**儒家經典文本**，也就是——

《詩》、《書》、《禮》、《樂》、《易》、《春秋》

這「**六經**」的修訂，

給華人古典文化的寶庫留下了一筆**豐厚的遺產**。

幸好孔子找工作失敗⋯⋯

不過話說回來，雖然孔子職場不順，

但孔子培養的很多弟子都還混得可以。

例如：**子貢**，

不僅當過魯國、魏國的相國，而且善於經商，超級有錢，

有空的時候，還幫魯國搞搞外交，**化解危機**。

例如：**子路，**

在衛國混成大貴族**孔悝**的家族企業 CEO。

又例如：**冉有，**

在季孫集團混得不錯，

他率領軍隊跟強國**齊國**硬碰硬，關鍵是還打贏了。

但……

晚年的孔子有點悲涼。

▽

他的獨生子**孔鯉**先於他去世。

294

沒多久，他**最喜歡**的學生之一**顏回**，也先於他而死。

一大把年紀的孔子哭得稀哩嘩啦，邊哭邊叫：

這是老天要我的命啊！

而另一個他偏愛的學生**子路**，在衛國遭遇*變亂*。

敵人砍斷了子路冠帽上的帶子。

沒想到子路遵照**儒家的禮儀**——君子到死不解冠，

很神奇地停手不打，先動手**繫帶子**。

結果敵人沒見過這架勢，**毫不留情**就砍翻子路。

子路⋯⋯

卒。

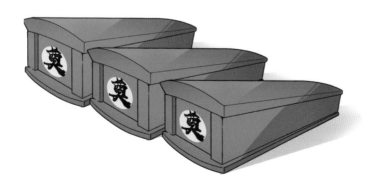

到七十三歲這一年，等**愛子愛徒**都死了以後，

孔子終於走完

他這哭過笑過、成功過失敗過，

同時晚年不大順當的一生。

雖然他個人的那些**偉大夢想**並沒有實現，

好在他起初業餘時間搞的副業——收學生教書，

在不知不覺中，給他的人生開闢了**另一條道路**。

他教出的學生，不僅成績斐然，還收了更多的弟子，

把儒學進一步發揚光大。

真心沒想到。

在春秋晚期，那個禮崩樂壞成**渣渣**的時代，

各國掌權的**貴族凌駕於國君**之上，

肯定不大愛聽孔子的那套理念。

直到後來中國完成大一統了，貴為天子的皇帝發現──

孔子的理念，對於**維護自己的統治，**

維護整個帝國秩序，有很大的好處。

於是乎，孔子一步步被拉上**神壇**也就不奇怪了。

不可否認的是，

孔子的理念，有**超脫**於他所處時代的地方。

他對中國文化的影響尤其巨大。

這些都是孔子了不起的地方。

第十八章

終結者的前身
竟然是「原諒帝」

——秦穆公霸西戎

這一回，我們進入到**春秋系列的最終篇**——

「秦國篇」。

當了那麼久大反派，終於到我當主角了。想想還有點小激動呢。

秦人始祖名叫**非子**，

大概非常精通母馬配種學，以及母馬的產後護理學，

給周王養馬一年，馬匹數量**增長了一倍**。

周王一高興，大手一揮，把**秦邑**賜封給了非子。

（那地在今天的甘肅）

非子因此成為**秦國開國國君**。

知識改變命運。

非子

西周末年，犬戎攻破西周都城**鎬京**，幹掉了**周幽王**，

秦國國君秦襄公護駕有功，護送即位的**周平王東遷洛邑**。

反正周平王的老巢**關中一帶**已經被犬戎人占了，

周平王就給秦國開了個**空頭支票**，

把關中岐山以西的土地都封給秦國，

說只要秦國趕走犬戎，那地都歸你。

這類似於——

哇！！

呃……

秦國人**非常給力**，經過一代又一代的努力，

硬把關中平原這塊**大肥肉**，差不多一口口地給**啃了下來**。

到了**秦穆公**即位的時期，

秦國已經成長為西方的小強，準備東出玩**春秋爭霸**。

不過那時候的秦國，

和戰國時代的畫風**完全不一樣！！**

戰國時代的秦國是這樣的──

而在秦穆公那個年代的秦國嘛，卻是這樣的——

沒錯！秦穆公這個人，還真是春秋時代的**「原諒帝」**。

他沒有那麼野蠻兇暴，反而生得了**一副好脾氣**。

晉獻公把女兒嫁給秦穆公，

把晉國抓來的戰俘**百里奚**，當作陪嫁奴隸送給了秦穆公。

沒想到**七十多歲**的百里奚**人老腿腳不老**，

立馬搞出一段蕩氣迴腸的**史詩級大逃亡，**

好不容易逃到楚國，結果又被楚國人**抓住**，

秦穆公花了**五張黑羊皮**，從楚國人那裡**贖回**百里奚。

按理說，這種敢逃跑的奴隸，

被抓回來後應該是**老虎凳、辣椒水伺候**，

再不濟也得**打斷腿處罰**一下吧？

秦穆公不僅**沒有處罰**百里奚，還立刻**釋放並重用**了他。

後來，百里奚**當奶媽**，奶出了秦國的春秋霸業。

這一波「原諒」的**厲害操作**，反正不虧。

還有一回，秦穆公的駿馬丟了。秦國 FBI **光速破案**，

原來駿馬被**岐山三百個農民**捉住，當野味燉著**吃掉了**。

按理說，這種冒犯國君的大罪，怎麼說都該**嚴懲**吧？

秦穆公不僅不追究農民的**罪責**，

還覺得吃駿馬的肉得配美酒才行，

趕緊讓手下免費**派送酒水飲料**，讓三百個農民享受大餐。

三百個農民哪裡見過這種架勢，應該當場**感動得淚眼汪汪的**，

打定主意，這輩子都要做秦穆公霸業夢想的**守護天~~屎~~使**。

後來晉國發生了**大動亂**，晉獻公一嗝屁，

晉獻公的小老婆**驪姬**，就想扶持自己生的孩子上位，

引發了晉國鐵王座大作戰，**晉國亂成了一鍋粥**。

朕之前可是講過的。

翻到第69頁瞭解**晉國輪椅子大賽**

晉獻公的其中一個兒子**夷吾**，跑來求姐夫秦穆公幫忙。

秦穆公二話不說，**派軍隊護送夷吾回晉國即位。**

雖然夷吾承諾說只要搶到晉國鐵王座，

就把**黃河以西的八座城池**送給秦國，

但真等夷吾上位為晉惠公，然後——

嗯……就沒有然後了。

按理說，小舅子晉惠公這麼**不知羞恥地耍賴，**

秦穆公要是能逮到機會，一定要**好好收拾一下**他吧？

沒多久，晉國發生大旱，

晉惠公竟然又**死皮賴臉地**找秦國**借糧。**

有人提建議說，不僅不要借糧，還要趁機會**出兵爆揍**晉國。

於是秦國下決心援助晉國**抗災**，給了晉國大量的糧食。

不過嘛， 對於晉國這種霸道不講理的國家，

好心只能說是餵了狗了。

等過了些年，秦國鬧旱災，不得不**向晉國救助**的時候，

晉國不僅不打算救援，**反而派大軍殺向了秦國。**

秦晉雙方**大戰一場**，結果秦穆公被晉軍團團包圍，

被打成**殘血**，就等著晉軍上來補刀。

就在這**關鍵時刻**，當年被秦穆公原諒的三百農民，

化身東方版**「斯巴達三百勇士」，及時趕來救援。**

在這群「秦巴達」的火力支援下，

秦穆公**反敗為勝**，成功俘虜了倒楣的晉惠公。

晉惠公這種**背信棄義的小人**，

就算拖出去祭天都算便宜了他。

拗不住秦穆公的老婆親自下場，為倒楣弟弟**求饒**，

所以呢……

喂喂喂，又要來了嗎？

…………

嗯，沒錯──

原諒×4

我當然是選擇原諒啦！

所以，晉惠公被放回了晉國。

當然這一回他**學乖了**，欠下的人情債，他乖乖肉償了，

把河西之地這塊**大肥肉**，打包**送給了秦國**，

還把自己的兒子**太子圉**送到秦國**當人質**。

不過太子圉在秦國也沒被虐待，秦國**好吃好喝地供著他，**
還把秦國**宗室之女**壞淫（口誤）**懷嬴**，嫁給了太子圉。

過了幾年，晉惠公得了重病，眼看著要掛了。
太子圉怕晉國**鐵王座保不住，**
連招呼都不跟秦穆公打一聲，就**偷偷**溜回了晉國。
後來等晉惠公一嗝屁，太子圉即位，**是為晉懷公。**

而這一回，就算是身為原諒帝的秦穆公，

也不能忍了。

他決定幹掉晉懷公，然後**扶持別人登上晉國寶座。**

他左挑右選，選中一位晉國公子。

這位公子**骨骼精奇、雙目重瞳**，簡直渾身上下都是畸點，

一看就是要成大器的材料。

這位公子就是——**晉文公重耳。**

那時候，晉文公還在楚國**流亡**。

秦穆公把他接到秦國，各種好吃好喝地優待，

還把晉懷公遺棄在秦國的老婆懷嬴，**重新嫁給了晉文公。**

雖說按照輩分來講，懷嬴本來是晉文公的**侄媳，**

這關係整得有點亂。

總之，在秦穆公的**全力支持下，**

晉文公殺回晉國，**成功上位。**

然後晉國一躍成為**頭等超級大國，**

晉文公也成為**春秋霸主二代目**。

晉文公在位期間，秦國和晉國的**關係相當好**。

晉文公在的時候，秦穆公**不敢搞事情**。

等晉文公一嗝屁，秦穆公的野心開始**爆炸**，

他準備**取代**晉文公成為春秋霸主，便派出**三名大將東征**，

向東偷襲鄭國未遂，就順手去晉國邊邑**搶了一把**，

結果在得勝回國的路上，被晉國打了個伏擊，

秦軍全軍覆沒！！

這就是歷史上著名的——**崤之戰**。

三名將軍被晉國活捉後，又被**送回秦國**。

按理說，這種敗軍之將，
被拖出來祭天以平息國內老百姓的怒火，
應該是國君的**常規操作**。

三名大將不僅沒受到處罰，反而得到了**更多優待，**

心裡對秦穆公別說有多感激了。

終於在 N 多年後的一次和晉國的大戰中，

三位大將超常發揮，打了一場漂亮仗，

報了崤之戰慘敗的大仇。

不過秦穆公終究還是**明白人，**知道國力比不過晉國。

柿子要撿軟的捏，他對付不了晉國，

但是對付西邊那些戎狄小國，還是**綽綽有餘**的。

很快地，他滅掉了**十二個**戎狄小國，開拓了一大片疆土。

所以史書上說 **「穆公霸西戎」**。

在一些版本裡，秦穆公也是春秋五霸之一。
雖然在朕看來，他完成的只是地區性霸業。

總結一下秦穆公的霸業祕訣，其實就兩個字——

原諒。

原諒了**逃亡的奴隸**，他得到了一個賢明的大臣百里奚；

原諒了**偷吃駿馬的農民**，他得到了秦巴達三百勇士；

原諒了三**個戰敗的將軍**，他得到了一場找回尊嚴的勝利。

當然這招也**不是萬能**的，要使用還得看情況。

原諒×6

我當然是選擇原諒啦！

例如，如果男／女友多次劈腿，

看架勢根本**拉不住**，你也選擇原諒的話，

我當然是選擇原諒啦！

你只能悲慘地收穫一頂又一頂的綠帽。

說真的，很多祕訣說起來簡單，
但我知道你們就是學不來。

天哪，你終於換台詞了……

我這輩子……
值了……

春秋大事紀年表

公元前 770 年，周平王遷都洛邑，春秋時期開始。

公元前 685 年，齊桓公即位，任管仲為相。

公元前 679 年，齊桓公稱霸。

公元前 638 年，宋、楚泓水之戰，宋襄公敗。

公元前 632 年，晉、楚城濮之戰，楚軍大敗，晉文公稱霸。

公元前 627 年，秦晉崤之戰，晉國大勝。

公元前 623 年，秦穆公稱霸西戎。

公元前 613 年，楚莊王即位。

公元前 597 年，晉楚邲之戰，晉軍大敗，楚莊王稱霸。

公元前 551 年，孔子出生。

公元前 506 年，吳王闔閭伐楚，大敗楚國，伍子胥鞭屍楚
平王。

公元前 496 年，越王句踐大敗吳軍，吳王闔閭因傷勢過重
而死，吳王夫差即位。

公元前 494 年，吳王夫差大敗越國，越王句踐投降，成為
吳王奴僕。

公元前 482 年，越王句踐攻陷吳都，俘虜吳太子。

公元前 481 年，齊國大權落入田氏手中。

感謝所有為本書奮鬥的朋友，朕將為此
書出版嘔心瀝血的諸位好友的芳名刊印
於此，以期永存。

功績不問高低，以下排序不分先後：
黃澤濤　劉開舉　肖　航　陳震毅
江宗燁　陳麗亞　曾黛琪　馬曉丹
沈雪瑩　楊慧慧　曾凱麟　陳曉笙
商若梅　侯　健　湯煥駒

其中，特別感謝小江對朕說的巨大付
出，他對知識的熱愛和探索將永遠地激
勵我們。